実務担当者からの
疑問に答える！

会社税務の
相談事例105選

税理士法人Bricks&UK
税理士 **清原裕平** 著

清文社

はじめに

　昨今、税務や会計、とりわけ会社税務の中心ともいうべき法人税に関する書籍は、体系的な専門書をはじめ、様々な論点や切り口からのものも含めて、数多く出版されています。また、IT化の進展に伴い様々な情報を「容易・瞬時・大量」に入手できる中で、法人税に関する論点ひとつをインターネットで検索しても、溢れんばかりの情報が現れます。

　そのような状況の中で、この度、本書を上梓したのは、税務や会計に携わる方々のために、実務上多く寄せられる相談をできるだけ集約し、コンパクトな形にして情報提供できないだろうかという思いからです。

　この点、税務や会計に関する書籍については、制度そのものが複雑であることも相まって難解なものが多く、一般的に読むこと自体が苦痛であると感じられる方も少なくないのではないでしょうか。また、インターネットで税務や会計の情報を入手しても、数ある情報の中からどれを利用すべきか、それを判断するだけで相当の時間を要することもあります。さらに、税務や会計に携わる実務担当者の方々の中には、いろいろ調べたいけれどもなかなか十分に時間を取れない、あるいは、まずは全体像だけでも理解したいと考えられる方も少なからずおられるはずです。

　そこで、これまで筆者がいただいたご質問やご相談のうち、他の実務担当者の方々にも参考になると考えらえる事例を厳選し、質疑応答形式によりできる限り簡潔に論点整理したものが、本書『実務担当者からの疑問に答える！　会社税務の相談事例105選』です。

＊

本書の魅力は、次の4点にあると考えています。

① 　筆者が実際にいただいたご質問やご相談をベースに重要と認められる相談事例を厳選していますので、105選の中で参考としていただける相談事例が必ずあると考えられる点。

② 　ご質問やご相談をいただいた範囲（本書の収録範囲）が、会社の規模にかかわらず、また特定の業種業態に偏ることなく、様々な分野で税務や会計に携わる実務担当者の方々からのものであるという点。

③ 　税務や会計が少し苦手という方々や、まずは全体像だけでも知りたいという方々に

とって手軽に読んでポイントをつかんでいただけるよう、できる限りコンパクトな形にするとともに、図表形式で整理することに配意している点。

④　筆者が国税出身の税理士であり、公認会計士試験合格者でもあることから、税務・会計・経営等の分野で様々な実務経験があるという点。特に、国税出身の税理士として税務調査への対応や法人税に強みを持つというだけではなく、連結会計やM&A、組織再編等の高度な財務会計の分野、原価計算や意思決定会計等の管理会計の分野、さらには会社法や経営学等といった税務や会計以外の分野にも現在携わらせていただいております。

*

　本書の上梓は、決して筆者一人で成し得たものではありません。家族の支えや、これまでの職場でお世話になった関係者の皆様方からのご指導やご鞭撻があっての賜物であると考えております。改めて、職業会計人としてこれまで育てていただいたことに、心より深く感謝の意を表します。

　本書が、税務や会計に携わる方々の実務上の疑問を解消する一助となれば幸いに存じます。

2018年5月

税　　理　　士
公認会計士試験合格者　　清原　裕平

目　　次

第1章　収　　益

1-1	飲料品等の従業員等への値引販売	2
1-2	固定資産の譲渡による収益の帰属時期の特例	6
1-3	固定資産を譲渡した場合の長期割賦販売等の特例の適用	8
1-4	商品券の発行収益の特例	11
1-5	完全支配関係の下での受取配当等の益金不算入制度	13
1-6	みなし配当の意義	15
1-7	無償で自己株式を取得した場合の税務上の取扱い	18
1-8	贈与税や受贈益等の課税関係	20
1-9	大学の馬術部における収益事業の判定等	23

第2章　減価償却・特別償却

1　取得価額

2-1	固定資産税相当額は取得価額を構成するか	28
2-2	固定資産の取得価額に算入しないことができる費用	30
2-3	ヴィンテージカーは非減価償却資産か	32
2-4	ドメイン名の取得費用	34
2-5	大規模災害等のための非常用食料品（長期備蓄用）の購入費用	37
2-6	自社のホームページの制作費用	38
2-7	スペアタイヤの取得費用	40
2-8	取壊費の取扱い	43

(3)

2　耐用年数

2-9	耐用年数適用上の留意事項等	46
2-10	内装工事費は「建物」か「建物附属設備」か	48
2-11	「カード認証による個人識別装置」の耐用年数	50
2-12	特殊車両等の耐用年数	52
2-13	資本的支出に係る耐用年数の考え方	55
2-14	展示用モデルハウスへの「中古資産の簡便法」の適用	57

3　減価償却

2-15	少額の減価償却資産の判定単位	60
2-16	一括償却資産の月数按分計算	62
2-17	定率法を採用する減価償却資産を一部除却した場合の償却保証額の再計算	64
2-18	法基通7-5-1（償却費として損金経理をした金額の意義）の考え方	66
2-19	リース期間定額法を採用する資産を事業年度の中途で事業の用に供した場合の月数按分	69
2-20	少額減価償却資産の特例における限度額300万円の考え方	72
2-21	少額減価償却資産の特例の適用要件である中小企業者等の判定	74
2-22	資本的支出に対する少額減価償却資産の特例の適用	76

4　特別償却

2-23	主な特別償却や税額控除の概要	78
2-24	国外支店で取得した機械等の特別償却の適用	80
2-25	「中小企業者等の機械等を取得した場合の特別償却」の対象となる指定事業	82
2-26	医療法人における「中小企業者等の機械等を取得した場合の特別償却」の指定事業	84
2-27	「中小企業者等の機械等を取得した場合の特別償却」の対象となる	

(4)

目　次

車両及び運搬具 ……………………………………………………………………… 86

| 2-28 | 医療法人が取得した電子カルテ ………………………………………… 88 |
| 2-29 | ファイナンスリース取引への税務上の優遇措置の適用 ………………… 90 |

第3章　役員給与等

3-1	使用人兼務役員の範囲 ………………………………………………………… 94
3-2	通常改定を2回行った場合の定期同額給与 ……………………………… 96
3-3	役員に対する経済的利益 …………………………………………………… 99
3-4	定期同額給与の一部を未払計上した場合 ……………………………… 102
3-5	届出書に記載した支給時期と異なる時期に支給した事前確定届出給与 ……………………………………………………………………………………… 104
3-6	みなし役員に係る事前確定届出給与の届出 …………………………… 107
3-7	役員退職給与の損金算入時期 …………………………………………… 109
3-8	役員退職給与の分割支給 ………………………………………………… 111
3-9	ストック・オプションに係る会計処理及び税務上の取扱い ………… 114
3-10	従業員に対する決算賞与 ………………………………………………… 118
3-11	出向に関する税務上の留意点 …………………………………………… 121
3-12	役員給与は期末仕掛品に含めるべきか ………………………………… 123
3-13	役員から無償で資産を取得した場合の課税関係 ……………………… 125

第4章　その他の費用・損失

4-1	商品券を一部使用した社内レクリエーション費用 …………………… 130
4-2	関連法人の従業員等に対して福利厚生費等の負担をした場合 ……… 133
4-3	法人が加入する終身保険の取扱い ……………………………………… 135
4-4	役員のみを被保険者とした保険料 ……………………………………… 137
4-5	中小企業退職金共済と経営セーフティ共済の掛金の未払計上 ……… 141
4-6	自賠責保険を一括払いした場合の取扱い ……………………………… 144

(5)

4-7	神社に対するお祓い料	146
4-8	新作展示会における記念品贈呈	148
4-9	グループ法人全体のために支出した交際費等	151
4-10	近所の知人に対する謝礼	153
4-11	租税公課等の損金算入の可否	155
4-12	ゴルフ会員権に係る貸倒損失と貸倒引当金	158
4-13	保険料に係る短期前払費用の取扱い	160
4-14	休止中の電話加入権の評価損	163

第5章 グループ法人税制・連結納税制度

5-1	グループ法人税制・連結納税・連結会計の概要	168
5-2	完全支配関係の意義	171
5-3	同族関係者等の範囲	173
5-4	譲渡損益調整資産の範囲	176
5-5	譲渡損益調整資産の低額譲渡	179
5-6	譲渡損益調整資産以外の資産の無償譲渡	184
5-7	中小法人向け特例措置の不適用	186
5-8	連結納税制度導入のメリット	188
5-9	連結完全支配関係を有しなくなる事実	190
5-10	同一連結事業年度中に加入及び離脱した子法人のみなし事業年度	192

第6章 企業組織再編税制

6-1	企業組織再編税制の概要	196
6-2	企業組織再編税制における適格とは	199
6-3	「共同事業要件」と「みなし共同事業要件」	202
6-4	合併の意義	204
6-5	合併の会計処理	206

目　次

6-6	合併の税務	209
6-7	適格合併した場合の合併法人の中間申告	211
6-8	「抱合せ株式消滅損益」に係る別表4・5（1）の作成	214
6-9	会社分割の意義	217
6-10	会社分割の会計処理	219
6-11	会社分割の税務	222
6-12	適格分社型分割に係る税務上の処理	224
6-13	デッド・エクイティ・スワップの税務上の取扱い	227

第7章　申告手続関係

7-1	白色申告時における青色欠損金の繰越控除	232
7-2	欠損金の繰戻しによる法人税額の還付	234
7-3	清算確定事業年度における欠損金の繰越控除	236
7-4	解散による「みなし事業年度」	238
7-5	仮決算による中間申告の留意点	241
7-6	医療法人に対する留保金課税	243

第8章　その他の論点

8-1	外貨建有価証券の換算	246
8-2	買換資産の面積制限	250
8-3	地方拠点強化税制における雇用促進税制の適用対象となる雇用者	253
8-4	試験研究費と研究開発費	256
8-5	外注加工費は「売上原価」か「販売費及び一般管理費」か	259
8-6	医療法人の課税範囲と法人税率	262
8-7	従業員持株会から受ける分配金	265
8-8	法人住民税の課税団体となる「事務所又は事業所」の意義	268
8-9	取引相場のない株式を個人株主間で譲渡する場合の株式評価方法	270

| 8-10 | 「消費税の納税義務者でなくなった旨の届出書」の提出義務 ……………… 273 |
| 8-11 | 合併や会社分割に伴う消費税法上の取扱い ……………………………………… 276 |

【凡例】

法法……………………	法人税法
法令……………………	法人税法施行令
法規……………………	法人税法施行規則
法基通…………………	法人税基本通達
連基通…………………	連結納税基本通達
措法……………………	租税特別措置法
措令……………………	租税特別措置法施行令
措規……………………	租税特別措置法施行規則
措通……………………	租税特別措置法関係通達
耐用年数省令…………	減価償却資産の耐用年数等に関する省令
耐通……………………	耐用年数の適用等に関する取扱通達
通法……………………	国税通則法
所法……………………	所得税法
所令……………………	所得税法施行令
所基通…………………	所得税基本通達
相法……………………	相続税法
相基通…………………	相続税法基本通達
評基通…………………	財産評価基本通達
消法……………………	消費税法
消令……………………	消費税法施行令
消規……………………	消費税法施行規則
消基通…………………	消費税法基本通達
酒法……………………	酒税法
企結基準………………	企業結合に関する会計基準（企業会計基準第21号）
事分基準………………	事業分離等に関する会計基準（企業会計基準第7号）

※本書の内容は、平成30年4月1日現在の法令等によっています。

※本書掲載の法令等条文は、要点を示すため一部を抜粋・要約しています。

※本書では、解説にあたり、法令に基づき和暦で表記しています。2019年（平成31年）5月以後改元されますのでご注意ください。

第1章

収　益

1-1 飲料品等の従業員等への値引販売

Q

当社は、ホテル業を営んでいます。

客室に常備していた賞味期限直前のジュース、ビール等を従業員等に値引販売する場合の課税関係について、教えてください。

Point

法人が、従業員等に自社商品を値引販売する場合、法人税、源泉所得税、消費税、酒税の観点から、それぞれ留意しておくべき事項があります。

A

1 法人税

会社の収益として計上すべき金額は、原則として、従業員等へ実際に販売した金額となります。

なお、税務上の役員に対して自社商品を値引販売する場合には、販売価額と時価との差額が役員給与とされ、法人税法上、当該差額相当額が役員給与の損金不算入として課税対象となることがあります。

2 源泉所得税

自社商品の値引販売によって従業員等が享受する経済的利益のうち、一定の要件に該当する場合には、源泉所得税は課税されません。

3 消費税

自社商品の値引販売に係る課税売上げについては、原則として、販売価額が課税標準額となります。

ただし、法人税法上の役員に対して値引販売した場合には、低額譲渡として販売価額ではなく時価で譲渡したものとみなされることがあります。

2

第1章｜収　　益

④ 酒税

　貴社においては、ビール等を客室で販売するなどホテル業として既に「一般酒類小売業免許」は取得済であると考えられますので、酒税法上、特段の手続等を行う必要はありません。

解　説

① 法人税

　法人税法上、従業員等に対して自社商品を値引販売する場合、会社の収益として計上すべき金額は、原則として、従業員等へ実際に販売した金額となります（法法22②、22の2④）。

　また、税務上の役員に対して自社商品を値引販売する場合で、その販売価額がいわゆる時価よりも低い場合には、販売価額と時価との差額は役員給与とされ（所法36①、法法34④、法基通9−2−9(2)）、当該差額相当額が役員給与の損金不算入として、法人税の課税対象となります（法法34①）。ただし、次の「② 源泉所得税関係」の取り扱い上、当該差額相当額が経済的利益として課税されず、かつ、当該差額相当額を給与として経理しなかった場合には、役員給与とは取り扱われないこととされています（法基通9−2−10）。

　なお、税務上の役員以外の従業員については、当該差額相当額が、従業員に対する給与と受贈益の相殺関係となることから、法人税法上、課税関係には直接影響しません。

法人税基本通達9−2−9（債務の免除による利益その他の経済的な利益）

　法第34条第4項《役員給与》及び法第36条《過大な使用人給与の損金不算入》に規定する「債務の免除による利益その他の経済的な利益」とは、次に掲げるもののように、法人がこれらの行為をしたことにより実質的にその役員等に対して給与を支給したと同様の経済的効果をもたらすものをいう。

（2）　役員等に対して所有資産を低い価額で譲渡した場合におけるその資産の価額と譲渡価額との差額に相当する金額

法人税基本通達9−2−10（給与としない経済的な利益）

　法人が役員等に対し9−2−9に掲げる経済的な利益の供与をした場合において、それが所得税法上経済的な利益として課税されないものであり、かつ、当該法人がその役員等に対する給与として経理しなかったものであるときは、給与として取り扱わないものとする。

2 源泉所得税

　自社商品の値引販売によって従業員等が享受する経済的利益については、原則として、従業員等に対する給与所得として源泉所得税が課税されます（所法28①、36①、所基通36－15）。

　ただし、次の①から③のいずれにも該当する場合には、源泉所得税は課税しなくてもよいこととされています（所基通36－23）。

① 　販売価額が会社の取得価額以上で、かつ通常の販売価額のおおむね70％未満でないこと

② 　値引率が社内全体で一律に設定されていること、又は社内全体として合理的なバランスが保たれる範囲内の格差を設けて定められていること

③ 　商品等の数量について、一般消費者が自己の家事のために通常消費する程度のものであること

所得税基本通達36－23（課税しない経済的利益……商品、製品等の値引販売）

　使用者が役員又は使用人に対し自己の取り扱う商品、製品等（有価証券及び食事を除く。）の値引販売をすることにより供与する経済的利益で、次の要件のいずれにも該当する値引販売により供与するものについては、課税しなくて差し支えない。
（1） 値引販売に係る価額が、使用者の取得価額以上であり、かつ、通常他に販売する価額に比し著しく低い価額（通常他に販売する価額のおおむね70％未満）でないこと。
（2） 値引率が、役員若しくは使用人の全部につき一律に、又はこれらの者の地位、勤続年数等に応じて全体として合理的なバランスが保たれる範囲内の格差を設けて定められていること。
（3） 値引販売をする商品等の数量は、一般の消費者が自己の家事のために通常消費すると認められる程度のものであること。

---

3 消費税

　消費税法上、自社商品の値引販売に係る課税売上げについては、原則として、販売価額が課税標準額となります（消法4①）。

　ただし、法人税法上の役員に対して値引販売した場合で、①会社の課税仕入れの金額未満、②通常の販売価額のおおむね50％未満、のいずれかに該当する場合には、低額譲渡として販売価額ではなく時価で譲渡したものとみなされます（消法28①、消基通10－1－2）。

　なお、この場合であっても、値引率そのものが、社内一律、又は合理的かつ普遍的に定

められている場合には、低額譲渡には該当しないこととされています（消基通10－1－2
ただし書き）。

消費税法基本通達10－1－2　（著しく低い価額）

法第28条第1項ただし書《課税標準》に規定する「資産の価額に比し著しく低いとき」とは、法人のその役員に対する資産の譲渡金額が、当該譲渡の時における資産の価額に相当する金額のおおむね50％に相当する金額に満たない場合をいうものとする。

なお、当該譲渡に係る資産が棚卸資産である場合において、その資産の譲渡金額が、次の要件のいずれをも満たすときは、「資産の価額に比し著しく低いとき」に該当しないものとして取り扱う。

（1）　当該資産の課税仕入れの金額以上であること。

（2）　通常他に販売する価額のおおむね50％に相当する金額以上であること。

ただし、法人が資産を役員に対し著しく低い価額により譲渡した場合においても、当該資産の譲渡が、役員及び使用人の全部につき一律に又は勤続年数等に応ずる合理的な基準により普遍的に定められた値引率に基づいて行われた場合は、この限りでない。

4 酒税

事業者が、ビール等の酒類を継続的に販売する場合には、所轄税務署から酒類販売業免許を受ける必要があります（酒法9①）。したがって、貴社がビール等の酒類の販売を従業員等向けに継続的に行うということであれば、酒類の小売業として「一般酒類小売業免許」の取得が必要となります。

しかしながら、当該事例においては、ビール等を客室で販売するなどホテル業として既に「一般酒類小売業免許」は取得済であると考えられることから、酒税法上、特段の手続等を行う必要はありません。

1-2 固定資産の譲渡による収益の帰属時期の特例

Q

当社は、製造業を営む法人です。

この度、当社所有の土地を第三者へ譲渡することとなりました。土地など固定資産の収益の帰属時期については、法人税基本通達2−1−14（固定資産の譲渡による収益の帰属の時期）で特例が認められていますが、この特例における「契約の効力発生の日」とは、具体的にはどのような日をいうのですか。

Point

固定資産の譲渡については、税務上、「引渡し」ではなく、「契約の効力発生の日」により、その収益を計上することも認められています。

A

「契約の効力発生の日」とは、一般的には、契約の締結日でよいと考えます。

解説

1 制度の概要

固定資産の譲渡による収益の帰属の時期は、法人税基本通達2−1−14においてその取扱いが示されています。

すなわち、土地や建物などの不動産については、原則として引渡しがあった日を収益計上時期としながらも、実務上、引渡しの事実関係が外形上明らかでない場合があることも踏まえ、特例として、「契約の効力発生の日」で計上することが認められています。

2 当該事例の考え方

それでは、この「契約の効力発生の日」とは具体的にどのような日をいうのでしょうか。

第1章 収 益

この点、契約書等において、契約の効力発生日が明記されているなどの特約事項がない限り、「契約の効力発生の日」は、一般的には、契約の当事者間で合意するに至った契約の締結日でよいと考えます。

したがって、当該事例においても契約書等において特約事項がない限り、貴社と第三者との間で締結された土地売買契約書の契約締結日が「契約の効力発生の日」になるものと考えられます。

法人税基本通達 2−1−14（固定資産の譲渡による収益の帰属の時期）

固定資産の譲渡による収益の額は、別に定めるものを除き、その引渡しがあった日の属する事業年度の益金の額に算入する。ただし、その固定資産が土地、建物その他これらに類する資産である場合において、法人が当該固定資産の譲渡に関する契約の効力発生の日の属する事業年度の益金の額に算入しているときは、これを認める。

1-3 固定資産を譲渡した場合の長期割賦販売等の特例の適用

Q

当社は製造業を営む法人ですが、平成30年3月に長年保有する固定資産を他のグループ関係会社に譲渡しました。この譲渡代金の資金回収については、買手であるグループ関係会社の資金繰りの都合により、割賦（分割払い）により回収する予定です。

この場合、当該固定資産の譲渡について、延払基準により経理した場合に、旧法人税法（注）第63条（長期割賦販売等に係る収益及び費用の帰属事業年度）の適用を受けることができるのでしょうか。それとも、法人税基本通達2－1－14（固定資産の譲渡による収益の帰属の時期）により、引渡しをした当期においてその全額を収益に計上しなければならないのでしょうか。

なお、旧法人税法第63条に定める他の要件は、すべて満たしているものとします。

（注）平成30年度税制改正前の法人税法をいいます。

Point

固定資産の譲渡が延払基準の要件等を満たす場合には、法人税基本通達2－1－14（固定資産の譲渡による収益の帰属の時期）にかかわらず、旧法人税法第63条（長期割賦販売等に係る収益及び費用の帰属事業年度）を適用できます。

A

貴社が譲渡した固定資産については、旧法人税法第63条を適用できます。

解説

1 制度の概要

収益計上時期の特例のひとつとして、旧法人税法第63条では、長期割賦販売等に係る収

益及び費用の帰属事業年度が規定されています。これは、一定の要件に該当する資産の販売等について、延払基準により経理した場合に、実現した収益の一部を将来に繰り述べることができるという制度です（旧法法63①）。なお、この制度は、平成30年度税制改正において廃止されましたが、平成30年4月1日前に長期割賦販売等に該当する資産の販売等を行った法人については、平成35年3月31日までに開始する各事業年度について現行の延払基準により収益の額等を計算することができるなどの経過措置が講じられています。

　一方、固定資産の譲渡に係る収益の帰属の時期については、法人税基本通達2-1-14（固定資産の譲渡による収益の帰属の時期）において、その引渡しがあった事業年度を原則とする旨規定されています。

2 当該事例の考え方

　当該事例における問題意識は、グループ関係会社に譲渡した固定資産の譲渡について、仮に延払基準の要件を満たす場合に、旧法人税法第63条によりその収益の一部を将来に繰り延べることができるのか、それとも、固定資産の譲渡である限り法人税基本通達2-1-14によりその引渡しがあった事業年度に収益を計上しなければならないのかという点にあります。

　この点、長期割賦販売等に係る収益及び費用の帰属事業年度については「法人税法」という法律で、また、固定資産の譲渡に係る収益の帰属の時期については「法人税基本通達」という国税庁内部の取扱通達で、それぞれ規定されています。両者では、当然に法律である法人税法が法人税基本通達よりも優先しますし、法律ではない法人税基本通達に納税者が拘束されるいわれもありません。

　したがって、貴社が平成30年3月に関係会社に譲渡した固定資産の収益及び費用の計上時期については、延払基準の要件を満たす限り、旧法人税法第63条を適用できるということになります。

旧法人税法第63条第1項（長期割賦販売等に係る収益及び費用の帰属事業年度）

　内国法人が、長期割賦販売等に該当する資産の販売若しくは譲渡、工事（製造を含む。）の請負又は役務の提供をした場合において、その資産の販売等に係る収益の額及び費用の額につき、その資産の販売等に係る目的物又は役務の引渡し又は提供の日の属する事業年度以後の各事業年度の確定した決算において政令で定める延払基準の方法により経理したときは、その経理した収益の額及び費用の額は、当該各事業年度の所得の金額の計算上、益金の額及び損金の額に算入する。

法人税基本通達2-1-14（固定資産の譲渡による収益の帰属の時期）

　固定資産の譲渡による収益の額は、別に定めるものを除き、その引渡しがあった日の属する事業年度の益金の額に算入する。ただし、その固定資産が土地、建物その他これらに類する資産である場合において、法人が当該固定資産の譲渡に関する契約の効力発生の日の属する事業年度の益金の額に算入しているときは、これを認める。

1-4 商品券の発行収益の特例

Q 当社は、今般、商品券の発行を行う予定であり、この商品券の発行による収益の計上時期については、法人税基本通達2－1－39（商品引換券等の発行に係る収益の帰属の時期）における特例を適用したいと考えています。
この特例を適用するための要件のひとつに「あらかじめ所轄税務署長の確認を受けること」というものがありますが、この確認を受けるに当たって、所定の様式は定められているのでしょうか。

Point

商品券の発行による収益の計上時期の特例について、所轄税務署長の確認を受けるに当たっての様式は定められていないことから、任意で作成します。

A

所轄税務署長の確認を受けるための所定の様式は定められていません。

解 説

1 制度の概要

商品券など商品引換券等の発行による収益の計上は、原則として、発行した日の属する事業年度とされています（法基通2－1－39）。

しかしながら、商品引換券等の発行自体は、実際に商品等を販売したわけではなく、単に資金を事前に受領したという前受金的性格を有するものであることから、発行時の段階で収益計上するのは、実現主義や平成30年3月に公表された「収益認識に関する会計基準」（企業会計基準第29号）に照らして問題があるものといえます。

そこで、商品引換券等の発行に係る収益の計上時期については、
① 商品引換券等の発行に係る対価の額をその商品の引渡し等に応じて、その商品の引渡

し等のあった日の属する事業年度の収益に計上する

② 発行終了の日の翌日から３年を経過した日の属する事業年度終了の時において商品の引渡し等を了していない商品引換券等に係る対価の額を当該事業年度の収益に計上する

といった特例が認められています（法基通２－１－39ただし書き）。

2 特例の適用要件

この特例を適用するためには、

① 商品引換券等を発行する事業年度ごとに区分して管理する

② あらかじめ所轄税務署長（国税局の調査課所管法人にあっては、所轄国税局長）の確認を受ける

③ ②の確認を受けたところにより継続して収益計上を行っている

ことなどが要件とされています（法基通２－１－39ただし書き）。

3 当該事例の考え方

当該事例における相談は、**2**②における所轄税務署長の確認を受けるための手続として、所定の様式があるか否かというものですが、通達等において所定の様式は定められていないことから、任意の様式で作成することになります。

法人税基本通達２－１－39（商品引換券等の発行に係る収益の帰属の時期）

法人が商品の引渡し又は役務の提供を約した証券等（以下２－１－39において「商品引換券等」という。）を発行するとともにその対価を受領した場合における当該対価の額は、その商品引換券等を発行した日の属する事業年度の益金の額に算入する。ただし、法人が、商品引換券等（その発行に係る事業年度ごとに区分して管理するものに限る。）の発行に係る対価の額をその商品の引渡し等に応じてその商品の引渡し等のあった日の属する事業年度の収益に計上し、その発行に係る事業年度終了の日の翌日から３年を経過した日の属する事業年度終了の時において商品の引渡し等を了していない商品引換券等に係る対価の額を当該事業年度の収益に計上することにつき<u>あらかじめ所轄税務署長（国税局の調査課所管法人にあっては、所轄国税局長）の確認を受ける</u>とともに、その確認を受けたところにより継続して収益計上を行っている場合には、この限りでない。

第1章 収 益

1-5 完全支配関係の下での 受取配当等の益金不算入制度

Q

　当社と親法人は、親法人が当社の発行済株式の全部を保有している完全支配関係にあります。

　ところで、受取配当等の益金不算入額の計算（法法23）においては、完全子法人株式等に係る配当等の額は、その全額が益金不算入とされています。

　この点、完全支配関係のある親子法人間で、一時的に当社が親法人の株式を所有し、当社が親法人から配当を受け取った場合であっても、受取配当等の益金不算入額の計算上、その全額が益金不算入となるのでしょうか。

Point

　完全支配関係の下において、親法人が子法人から受ける配当以外に、一時的に子法人が親法人株式を有することとなった場合に受ける親法人からの配当についても、子法人においてその全額が益金不算入の対象となるかどうかが当該事例のポイントです。

　言い換えれば、完全子法人株式等に、親法人が有する子法人株式のみだけでなく、子法人が有する親法人株式も含まれるのかということです。

A

　完全子法人株式等には、親法人が有する子法人株式のみだけでなく、子法人が有する親法人株式も含まれます。

　したがって、一時的に貴社が親法人株式を有することとなった場合に受ける親法人からの配当についても、貴社がその配当の計算期間中、親法人株式を継続して有していれば、貴社においてその全額が益金不算入の対象となります。

13

解 説

1 制度の概要

　受取配当の益金不算入制度（法法23）において、完全支配関係の下での完全子法人株式等に係る受取配当は、その全額が益金不算入とされています。これは、受取配当自体が、そもそも課税済である利益剰余金から分配されるものであることに加え、完全支配関係の下では、経済的実態としてそのグループ全体をひとつの企業集団と捉え、配当の受払いをいわば相殺されるべき内部取引と考えるからです。また、この制度の対象となる「完全子法人株式等」とは、配当等の額の計算期間を通じて内国法人との間に完全支配関係があった他の内国法人の株式等をいうものとされています（法令22の2①）。

2 当該事例の考え方

　法人税基本通達3−1−9（完全子法人株式等に係る配当等の額）においては、当該事例のように株式等の全部を直接又は間接に保有していない他の内国法人から配当等の額を受けた場合であっても、法人間に完全支配関係があれば、完全子法人株式等に係る配当等の額に該当する旨が明らかにされています。

　したがって、完全子法人株式等には貴社が有する親法人株式も含まれ、一時的に貴社が親法人株式を有することとなった場合に受ける親法人からの配当についても、貴社がその配当の計算期間中、親法人株式を継続して有していれば、貴社においてその全額が益金不算入の対象となります。

法人税法施行令第22条の2第1項（完全子法人株式等の範囲）

　法第23条第5項（受取配当等の益金不算入）に規定する政令で定めるものは、同条第1項に規定する配当等の額の計算期間の初日から当該計算期間の末日まで継続して法第23条第5項の内国法人とその支払を受ける配当等の額を支払う他の内国法人との間に完全支配関係があつた場合の当該他の内国法人の株式等とする。

法人税基本通達3−1−9（完全子法人株式等に係る配当等の額）

　法人が、株式等の全部を直接又は間接に保有していない他の法人から配当等の額を受けた場合において、当該法人が保有する当該他の法人の株式等が令第22条の2《完全子法人株式等の範囲》に規定する要件を満たすときには、当該配当等の額は法第23条第5項に規定する完全子法人株式等に係る配当等の額に該当することに留意する。

第1章 収　益

1-6　みなし配当の意義

Q

　当社では、今般、特定の株主から自社株式を購入する予定です。自社株式の取得に当たっては、税務上、剰余金の配当と同様に「みなし配当」として取り扱われるケースがあると聞きました。

　この「みなし配当」とは具体的にどのようなものなのか、教えてください。

Point

みなし配当が絡む税務上のポイントとしては、

①　受取配当等の益金不算入額の対象となる

②　配当所得として所得税の源泉徴収が必要となる

③　法人が自己株式を取得した場合には、株式を譲渡した旧株主にとっては、株式の譲渡損益の金額のうち、みなし配当に相当する部分の金額が先取特権として構成されることから、会計上の譲渡損益の金額と相違する

などがあり、法人税法だけに止まらず、所得税法も含めた重要論点であるということができます。

A

　みなし配当とは、会社法上の剰余金の配当等ではないものの、経済的実態からみて、剰余金の配当等と何ら変わらないと考えられるものについて、税務上、配当とみなされるものです。

解　説

■ みなし配当の意義

　みなし配当とは、法人（公益法人等及び人格のない社団等を除く。）の株主等が、次の

15

①～⑦の事由により金銭等の交付を受けた場合に、その金銭等の金額が、当該法人の資本金等の額のうちその交付の基因となった当該法人の株式又は出資に対応する部分の金額を超えるときに、その超える部分の金額を剰余金の配当等の金額とみなすというものです（法法24①、所法25①）。

① 合併（適格合併を除く。）

② 分割型分割（適格分割型分割を除く。）

③ 株式分配（適格株式分配を除く。）

④ 資本の払戻し又は解散による残余財産の分配

⑤ 自己の株式又は出資の取得（市場における購入による取得等を除く。）

⑥ 出資の消却（取得した出資について行うものを除く。）、出資の払戻しなど

⑦ 組織変更（組織変更をした法人の株式等以外の資産を交付したものに限る。）

　言い換えれば、みなし配当とされる金額は、法人から交付を受けた金銭等の価額のうち、資本金等の額から成る部分を超える部分、すなわち、利益剰余金を原資として株主等に交付される部分であるということです。

2 自己株式の取得に伴うみなし配当

　1⑤の自己株式の取得に伴うみなし配当について、自己株式を取得する法人と株式を譲渡する法人（旧株主）の立場から、それぞれ会計上と税務上の仕訳という形で整理すると、以下のようになります。

第1章 収益

自己株式を取得する法人

資本剰余金から700、利益剰余金から300の合計1,000を原資として、自己株式を取得しました。

資 本 剰 余 金	利益剰余金
700	300

　上記の場合、自己株式を取得する法人の会計上の仕訳は、次のようになります。なお、みなし配当に伴う源泉所得税を60とします。

借　　方		貸　　方	
科　目	金　額	科　目	金　額
自己株式	1,000	現　金	940
		預り金	60

　一方、税務上の仕訳は、次のようになります。税務上は、自己株式ではなく、原資である資本剰余金と利益剰余金を直接減算する考え方となります。

借　　方		貸　　方	
科　目	金　額	科　目	金　額
資本剰余金	700	現　金	940
利益剰余金	300	預り金	60

株式を譲渡する法人（旧株主）

旧株主は譲渡した株式の対価として、1,000を受け取りました。なお、譲渡した株式の簿価は500でした。

株式譲渡原価 (旧株式の簿価)	株式譲渡損益	みなし配当
500	200	300

　上記の場合、株式を譲渡した旧株主の会計上の仕訳は、次のようになります。会計上はあくまでも、譲渡した株式の簿価500と譲渡代金1,000の差額500が、有価証券譲渡益となります。

借　　方		貸　　方	
科　目	金　額	科　目	金　額
現　金	940	有価証券	500
租税公課	60	有価証券 譲渡益	500

　一方、税務上の仕訳は、次のようになります。会計上の仕訳との違いは、利益剰余金を原資として受け取った300が税務上はみなし配当となる点です。このため、有価証券譲渡益は、会計上の500からみなし配当300を控除した200となります。

借　　方		貸　　方	
科　目	金　額	科　目	金　額
現　金	940	有価証券	500
租税公課	60	有価証券 譲渡益	200
		みなし配当	300

1-7 無償で自己株式を取得した場合の税務上の取扱い

Q

　当社では、今般、ある個人株主から無償で自己株式を10株取得する予定です。当社の現在の株価は1株当たり3万円ですが、当社や株主において、何か課税関係が生じることはあるのでしょうか。

Point

　本来、価値のある財産（株式）を法人が無償で取得した場合には、取得した法人に受贈益として課税関係が生じます（法法22②）。しかし、その財産が当該法人の自己株式である場合には、取得した法人に受贈益等の課税関係は原則として生じません。

A

　無償で自己株式を取得する貴社において、課税関係が生じることは原則としてありません。

　一方、株式を無償で譲渡する個人株主は、みなし譲渡所得として課税関係が生じる場合があります。

解 説

1 制度の概要

　近年、社会経済情勢が刻々と変化する中、自己株式を取得する企業等が増加している背景には、①ＲＯＥ（自己資本利益率）やＥＰＳ（1株当たり利益）の改善、②配当コストの軽減、③株主構成の見直し、④企業買収に対する防衛策といったことが指摘されています。

　そういう中で、当該事例にもあるように、無償で自己株式を取得するケースもよく見受

けられます。

　この点、自己株式を無償で取得する場合の税務上の取扱いとしては、原則として、

①　自己株式を取得する法人では、自己株式の取得がそもそも資本等取引（法法22②③⑤、
　２十六、法令８①二十一）であって、その対価も無償であることから、課税関係は生じ
　ない

②　株式を譲渡する株主においては、確かにその対価は無償であるとしても、贈与等の場
　合の譲渡所得等の特例（所法59①）の規定により、時価で譲渡したものとみなされるこ
　とから、株式の譲渡所得として課税関係が生じる（みなし譲渡所得）

ものと考えられます。

2 当該事例の考え方

　当該事例においては、貴社が個人株主から無償で時価３万円の自己株式を10株取得する
とのことですので、自己株式を取得する貴社においては、上述のとおり、課税関係は原則
として生じません。

　一方、個人株主においては、時価３万円の株式10株を無償で株式の発行法人に譲渡して
いることから、税務上は、30万円を貴社に贈与したものとして、みなし譲渡所得による課
税関係が生じる場合があります。

> ### 所得税法第59条第１項（贈与等の場合の譲渡所得等の特例）

　次に掲げる事由により居住者の有する山林（事業所得の基因となるものを除く。）又は譲
渡所得の基因となる資産の移転があつた場合には、その者の山林所得の金額、譲渡所得の金
額又は雑所得の金額の計算については、その事由が生じた時に、<u>その時における価額に相当
する金額により</u>、これらの資産の譲渡があつたものとみなす。
一　<u>贈与（法人に対するものに限る。）</u>又は相続（限定承認に係るものに限る。）若しくは遺
　贈（法人に対するもの及び個人に対する包括遺贈のうち限定承認に係るものに限る。）
二　著しく低い価額の対価として政令で定める額による譲渡（法人に対するものに限る。）

1-8 贈与税や受贈益等の課税関係

Q

贈与税や受贈益といった課税上よく問題となる事項に関して、
① 個人から個人に贈与等した場合
② 個人から法人に贈与等した場合
③ 法人から当該法人の役員に贈与等した場合
④ 法人から第三者に贈与等した場合
⑤ 法人から当該法人の完全子法人に贈与等した場合
⑥ 法人から他の法人（完全子法人を除く）に贈与等した場合
について、当事者の課税関係はそれぞれのようになりますか。
なお、譲渡の対価が「無償」の場合、「時価1／2未満」の場合及び「時価1／2以上～時価未満」の場合ごとに教えてください。

Point

資産の譲渡対価については、第三者間で行われるものであるならば、経済的合理性を追求する観点から、いわゆる時価相当額で取引されるのが通常です。

しかし、親族間や親密な関係にある者との譲渡、また、オーナー会社と呼ばれるような実質的に代表者個人と法人が一体化しているような関係の間で行われる譲渡においては、時価以外の対価で譲渡されることもしばしば見受けられます。

このような場合に、譲渡人と譲受人の課税関係はどのようになるのか、この点の理解に資するため、その概要を整理したものが当該事例です。

A

贈与税や受贈益等の原則的な課税関係について、それぞれのケースごとに一覧表で整理しましたので、次々ページをご参照ください。

第1章 収　益

解　説

　贈与税や受贈益等の課税関係について、前提として確認すべきことは、

イ　当事者の区分（個人、法人、役員、完全子法人）

ロ　譲渡対価の区分（無償、時価1/2未満、時価1/2以上～時価未満）

です。

　すなわち、これらの区分によって、税務上の取扱いが相違することから、まずはこの点をしっかり確認することが重要です。

贈与税や受贈益等の原則的な課税関係

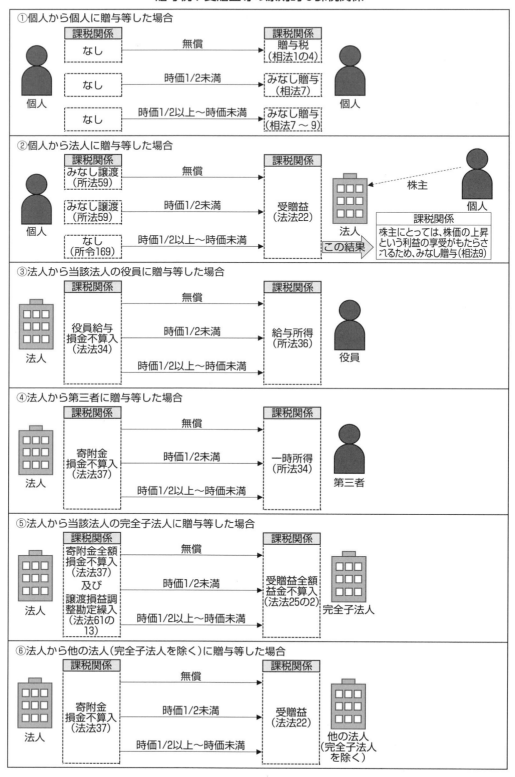

1-9 大学の馬術部における収益事業の判定等

Q

　当大学の馬術部は、大学が主体となって設置したものではなく、あくまで学生を中心に組織された任意のクラブサークルです。ただし、その活動に当たっては、大学側が、大学所有の一定の敷地内を利用することを許可しています。

　この馬術部の具体的な活動のうち、次のものは、収益事業として法人税の申告義務がありますか。なお、当該活動による収入等は、すべて馬術部が管理しており、大学側は一切関与していません。

① 馬の世話に対する報酬

　馬術部が、馬術部OBや大学近辺に居住する者が所有する馬を一定の期間預り、その間、馬の世話をすることにより、一定の報酬を得ています。

② 乗馬料収入

　馬術部OBや大学近辺に居住する者からの依頼で、馬術部が有する馬を使用して乗馬をさせており、その際、一定の報酬を得ています。

Point

　当該事例のポイントは2つあります。ひとつは、馬の世話に対する報酬又は乗馬料収入が収益事業となるのか否かということ、もうひとつは、仮に収益事業となった場合に、法人税の納税義務者は大学なのか馬術部なのかという点です。

A

　法人税法で定められる収益事業のうち、①の馬の世話に対する報酬は「請負業」、②の乗馬料収入は、「遊技所業」又は「技芸教授業」に該当しますので、法人税の申告義務があるものと考えられます。

　また、当該収益事業に係る法人税の納税義務者は、大学ではなく、「人格なき社団等」としての馬術部であると考えます。

解 説

1 収益事業の判定

馬の世話に対する報酬や乗馬料収入が、収益事業か否かを判断するに当たっては、

イ　馬術部が全体として具体的にどのような活動を行っているのか

ロ　報酬等を得るための広報活動はどの程度行っているのか

など、馬術部としての基本的な活動方針や、それに基づく活動の実態を十分に踏まえた上で検討していくことが重要です。

①　馬の世話に対する報酬

当該事例においては、他所有の馬を預かって世話をすることにより、その対価を受領しています。したがって、法人税法で収益事業と定める34事業のうち、「請負業」（法令5①十）に該当するものと考えられます。なお、収益事業としての「請負業」の範囲等については、法人税基本通達15-1-27～29で規定されています。

②　乗馬料収入

乗馬料収入については、大きく2つの捉え方ができます。

まず、乗馬クラブとして施設等の場所を設けて、その用途に応じて不特定又は多数の者に利用させ、その対価として乗馬料収入を得ていると認められる場合には、法人税法で定める収益事業のうち、「遊技所業」（法令5①二十七）に該当するものと考えられます。

一方、上記よりも活動規模としては比較的小さく、乗馬教室のような形で指導している程度であると認められる場合には、「技芸教授業」（法令5①三十）に該当するものと考えられます。

なお、収益事業としての「遊技所業」の範囲等については、法人税基本通達15-1-54で、また、「技芸教授業」の範囲等については、同15-1-66～67の3で規定されています。

以上、①馬の世話に対する報酬と②乗馬料収入は、いずれも法人税法で定める収益事業に該当しますので、法人税の納税義務があるものと考えます。

2 法人税の納税義務者

馬術部の様々な活動は、あくまで馬術部が主体となって活動しており、当該活動による収入等もすべて馬術部に帰属しています。対して、大学側は、サークル活動のために単に場所を提供しているにしかすぎません。

したがって、馬術部の収益事業に係る法人税の納税義務者は、大学ではなく、馬術部で

あると考えられます。なお、馬術部は法人ではないことから、法人税法上、「人格なき社団等」に分類されます（法法2八、3、4①）。

　また、「人格なき社団等」の範囲等については、法人税基本通達1－1－1から1－1－4において規定されています。

法人税法施行令第5条第1項（収益事業の範囲）

　法第2条第十三号（定義）に規定する政令で定める事業は、次に掲げる事業（その性質上その事業に付随して行われる行為を含む。）とする。

一　物品販売業

二　不動産販売業のうち次に掲げるもの以外のもの

三　金銭貸付業のうち次に掲げるもの以外のもの

四　物品貸付業のうち次に掲げるもの以外のもの

五　不動産貸付業のうち次に掲げるもの以外のもの

六　製造業

七　通信業（放送業を含む。）

八　運送業（運送取扱業を含む。）

九　倉庫業

十　請負業（事務処理の委託を受ける業を含む。）のうち次に掲げるもの以外のもの

十一　印刷業

十二　出版業

十三　写真業

十四　席貸業のうち次に掲げるもの

十五　旅館業

十六　料理店業その他の飲食店業

十七　周旋業

十八　代理業

十九　仲立業

二十　問屋業

二十一　鉱業

二十二　土石採取業

二十三　浴場業

二十四　理容業

二十五　美容業

二十六　興行業

二十七　遊技所業

二十八　遊覧所業

二十九　医療保健業のうち次に掲げるもの以外のもの

三十　洋裁、和裁、着物着付け、編物、手芸、料理、理容、美容、茶道、生花、演劇、演芸、
　　舞踊、舞踏、音楽、絵画、書道、写真、工芸、デザイン（レタリングを含む。）、自動車操
　　縦若しくは小型船舶の操縦の教授のうちイ及びハからホまでに掲げるもの以外のものなど

三十一　駐車場業

三十二　信用保証業のうち次に掲げるもの以外のもの

三十三　その有する工業所有権その他の技術に関する権利又は著作権の譲渡又は提供のうち
　　次に掲げるもの以外のものを行う事業

三十四　労働者派遣業

第2章

減価償却・特別償却

2-1 固定資産税相当額は取得価額を構成するか

Q

当社は３月決算の法人です。当期中に第三者から土地を取得しました。

この際、土地に係る固定資産税相当額として、売主である第三者に、別途、期間按分の方法により当社が負担すべき相当額を支払いました。第三者へ支払った当該固定資産税相当額は、土地の取得価額に含めないことができるのでしょうか。

Point

契約当事者間で収受される固定資産税相当額は、「固定資産の取得価額に含まないことができる費用」を列挙した法人税基本通達７－３－３の２（１）の租税公課等には含まれません。

A

貴社が第三者へ支払う固定資産税相当額は、両者合意の下、売買代金の一部として収受されるものであって、固定資産税そのものではありません。

したがって、貴社が支払った固定資産税相当額は、土地の購入のために要した費用として、土地の取得価額の一部を構成することとなります。

解 説

1 取得価額の範囲

土地等の取得価額には、原則として、その資産の購入代価、その資産の購入のために要した費用及びその資産を事業の用に供するために直接要した費用の額が含まれます（法令54①一、法基通７－３－16の２）。

ただし、次に掲げる租税公課等は、もともと損金の額に算入できる費用であり、かつ、一種の事後費用と認められることから、固定資産の取得価額に算入しないことができるも

のとされています（法基通7－3－3の2（1））。

① 不動産取得税又は自動車取得税

② 特別土地保有税のうち土地の取得に対して課されるもの

③ 新増設に係る事業所税

④ 登録免許税その他登記又は登録のために要する費用

2 当該事例の考え方

土地等の売買に当たって買主側が売主側へ支払う固定資産税相当額は、あくまで、売主側が既に支払った固定資産税について、当事者間の契約に基づき売主側と買主側の負担割合を所有月数等に基づき按分するものであって、すなわち、買主側が負担する固定資産税相当額は、納税義務者として納付する固定資産税そのものではありません。

したがって、当該事例における固定資産税相当額は、法人税基本通達7－3－3の2（1）の租税公課等には含まれず、土地の購入のために要した費用として、土地の取得価額の一部を構成することとなります。

> **法人税基本通達7－3－3の2（固定資産の取得価額に算入しないことができる費用の例示）**

次に掲げるような費用の額は、たとえ固定資産の取得に関連して支出するものであっても、これを固定資産の取得価額に算入しないことができる。

（1） 次に掲げるような租税公課等の額

イ 不動産取得税又は自動車取得税

ロ 特別土地保有税のうち土地の取得に対して課されるもの

ハ 新増設に係る事業所税

ニ 登録免許税その他登記又は登録のために要する費用

2-2 固定資産の取得価額に算入しないことができる費用

Q

　当社では、ある固定資産の取得に際して、次の租税公課等を支出しましたが、これらの支出は、当該固定資産の取得価額に含めるべきでしょうか。

① 印紙税
② 特許権申請のための出願料
③ 特許権更新のための更新料

Point

　印紙税や特許権申請のための出願料が、法人税基本通達7－3－3の2（固定資産の取得価額に算入しないことができる費用の例示）に列挙されていないからといって、固定資産の取得価額に含めなければならないということではありません。

A

①と②は、固定資産の取得価額に算入しないことができます。

③については、特許権（無形固定資産）として資産計上しなければなりません。

解説

1 租税公課等の取扱い

　固定資産の取得価額には、原則としてその資産の購入代価、付随費用及び事業の用に供するために直接要する費用が含まれます（法令54①）。

　なお、固定資産の取得に関連して支出する租税公課等については、本来はその資産を取得するための付随費用であるといえるものの、一種の事後費用であって、法律に基づいていわば強制的に支出を余儀なくされるものという性格を有しています。

　そこで、固定資産の取得に関連して支出する租税公課等は、原則どおり固定資産の取得価額に算入してもよいし、取得価額に算入せずに一時の損金として費用計上してもよいと

第2章｜減価償却・特別償却

の取扱いが示されています（法基通7-3-3の2（1））。

2 当該事例の考え方

　法人税基本通達7-3-3の2は、通達のタイトルにもあるように、固定資産の取得価額に算入しないことができる費用について、あくまでも例示として規定しているものです。

　この点、当該事例における①及び②は、通達で例示されている租税公課等と同様の趣旨であると認められますので、固定資産の取得価額に算入しないことができるものと考えます。

　一方、③については、固定資産の取得に関連して支出するものではなく、既に取得済の資産について、その使用期間を延長するための支出であるといえます。したがって、一時の損金として費用計上するのではなく、特許権（無形固定資産）として資産計上し、一定の期間で減価償却していくこととなります。

法人税法施行令第54条第1項（減価償却資産の取得価額）

　減価償却資産の第48条から第50条まで（減価償却資産の償却の方法）に規定する取得価額は、次の各号に掲げる資産の区分に応じ当該各号に定める金額とする。

一　購入した減価償却資産　次に掲げる金額の合計額

　イ　当該資産の購入の代価その他当該資産の購入のために要した費用がある場合には、その費用の額を加算した金額）

　ロ　当該資産を事業の用に供するために直接要した費用の額

法人税基本通達7-3-3の2（固定資産の取得価額に算入しないことができる費用の例示）

　次に掲げるような費用の額は、たとえ固定資産の取得に関連して支出するものであっても、これを固定資産の取得価額に算入しないことができる。

（1）　次に掲げるような租税公課等の額

　イ　不動産取得税又は自動車取得税

　ロ　特別土地保有税のうち土地の取得に対して課されるもの

　ハ　新増設に係る事業所税

　ニ　登録免許税その他登記又は登録のために要する費用

31

2-3 ヴィンテージカーは非減価償却資産か

Q

　当社は、代表者が営業で使用する目的で、1967年式のヴィンテージカーを320万円で取得しました。ヴィンテージカーの販売店によれば、この車種は現状が底値であり、今後、たとえ数年経っても、価額としては、ほぼ同額か、場合によっては取得価額を上回る可能性も十分あり得るとのことです。

　このような状況において、このヴィンテージカーは、税務上、法人税法施行令第13条における「時の経過によりその価値の減少しないもの」として、非減価償却資産とすべきでしょうか。

Point

　非減価償却資産とは、「時の経過によりその価値の減少しないもの」をいいます（法令13①かっこ書き）。そして、「時の経過によりその価値が減少しない」というためには、そこに価値が減少しないとする蓋然性が必要となります。

A

　貴社が取得したヴィンテージカーは、将来的にその価値が減少しないとする蓋然性があるとまではいえず、また、他の減価償却の対象となる一般的な車両と何ら経済的実態として変わらないと認められるため、非減価償却資産には該当しないものと考えます。

解 説

1 制度の概要

　ヴィンテージカーといっても、車両によって、その価値は様々です。当該事例における車両のような数百万円の価額のものから、車両としての機能は求めずに単に展示用の目的で購入した車両であっても時価数千万円から数億円の価値があるものもあります。

第2章｜減価償却・特別償却

ただ、税務上の取扱いとして、ヴィンテージカーだからといって特別な取扱いがあるというわけではなく、他の一般的な車両と同様に、原則としては、減価償却資産に計上した上で、法定耐用年数により減価償却していくことになります（法令13①六）。

ところで、減価償却資産のうち「時の経過によりその価値の減少しないもの」は、非減価償却資産とされ、減価償却そのものができないこととされています（法令13①かっこ書き）。これは、減価償却資産を事業活動に投入し、たとえ企業収益の獲得のために貢献したとしても、当該資産の価値そのものが時の経過によって明らかに減少しない以上、適正な損益計算の観点から費用を配分する手続である減価償却を行う必要がないと考えるからです。

この点、本来、減価償却資産とすべきものをいわば例外的に非減価償却資産とする以上、「時の経過によりその価値が減少しないもの」の判断に当たっては、将来のこととはいえ、そこには一定の蓋然性が求められ、非減価償却資産とするその範囲は限定的に捉えるべきものであると考えます。言い換えれば、取得した減価償却資産の価値が数年間減少しないと見込まれたとしても、ただちに非減価償却資産になるということではなく、その価値が減少しないとする蓋然性を検討し、それが相当程度確実であると認められる場合に、非減価償却資産になるということです。

2 当該事例の考え方

当該事例におけるヴィンテージカーについては、

① 取得時の段階で、将来的にもその価値が減少しないとする蓋然性があるとまではいえないこと

② 「取得価額が320万円、使用目的が営業」と、他の減価償却の対象となる一般的な車両と何ら経済的実態として変わらないと認められること

から、非減価償却資産には該当しないものと考えます。

法人税法施行令第13条第1項（減価償却資産の範囲）

法第2条第二十三号（減価償却資産の意義）に規定する政令で定める資産は、棚卸資産、有価証券及び繰延資産以外の資産のうち次に掲げるもの（事業の用に供していないもの及び時の経過によりその価値の減少しないものを除く。）とする。

2-4 ドメイン名の取得費用

Q

当社では、今般、ホームページを開設し、その中で、当社のドメイン名を登録する予定です。このドメイン名の取得費用について、税務上の取扱いを教えてください。

Point

ドメイン名の取得費用は、一般的にその支出の効果が支出の日以後1年以上に及ぶものと考えられますので、税務上は繰延資産として資産計上します。

A

ドメイン名の取得費用は、原則として繰延資産となります（法法2二十四、32①、法令14①六）ので、繰延資産に計上した上で、その支出の効果が及ぶ期間を基礎として償却していくこととなります。

ただし、ドメイン名の取得費用が20万円未満の場合には、損金経理によりその全額を支出事業年度の損金の額に算入できます（法令134）。

解説

1 ドメイン名の意義

ドメイン名とは、インターネット上におけるコンピュータやネットワークを識別するための名称であって、具体的には、ホームページやメールアドレスの一部を構成し、いわばインターネット上の住所（所在地）を示すものといえます。

また、ドメイン名は先願主義の登録制で、一般的にその権利期間は1年間とされていますが、更新することもできます。

第2章｜減価償却・特別償却

2 当該事例の考え方

　ドメイン名の権利期間が1年間の場合、税務上は、その支出の効果が支出の日以後1年以上に及ぶことから、繰延資産として資産計上することになります。したがって、一時の損金ではなく、ドメイン名の取得費用の支出の効果が及ぶ期間を基礎として、繰延資産償却として費用計上していきます。ただし、ドメイン名の取得費用が20万円未満の場合には、損金経理によりその全額を支出事業年度の損金の額に算入できます。

　なお、ドメイン名の取得費用は、上記で述べたとおり繰延資産であって、有形・無形の減価償却資産ではありません。また、通常は、ドメイン名の取得費用を支出した段階から、ホームページの利用やメールの送受信といった便益を享受できることから、前払費用にも該当しません。

法人税法第2条（定義）二十四

　繰延資産　法人が支出する費用のうち支出の効果がその支出の日以後1年以上に及ぶもので政令で定めるものをいう。

法人税法施行令第14条第1項（繰延資産の範囲）

　法第2条第二十四号（繰延資産の意義）に規定する政令で定める費用は、法人が支出する費用（資産の取得に要した金額とされるべき費用及び前払費用を除く。）のうち次に掲げるものとする。

六　前各号に掲げるもののほか、次に掲げる費用で支出の効果がその支出の日以後1年以上に及ぶもの
　イ　自己が便益を受ける公共的施設又は共同的施設の設置又は改良のために支出する費用
　ロ　資産を賃借し又は使用するために支出する権利金、立ちのき料その他の費用
　ハ　役務の提供を受けるために支出する権利金その他の費用
　ニ　製品等の広告宣伝の用に供する資産を贈与したことにより生ずる費用
　ホ　イからニまでに掲げる費用のほか、自己が便益を受けるために支出する費用

法人税法施行令第134条（繰延資産となる費用のうち少額のものの損金算入）

　内国法人が、第64条第1項第二号（均等償却を行う繰延資産）に掲げる費用を支出する場合において、当該費用のうちその支出する金額が20万円未満であるものにつき、その支出する日の属する事業年度において損金経理をしたときは、その損金経理をした金額は、当該事業年度の所得の金額の計算上、損金の額に算入する。

第2章｜減価償却・特別償却

2-5 大規模災害等のための非常用食料品（長期備蓄用）の購入費用

Q

当社は、大規模災害等に備えて、長期備蓄用として非常用食料品を購入しましたが、この場合の購入費用は、税務上、どのような取扱いとなりますか。

Point

法人として、非常用食料品を備蓄のため購入した場合には、税務上、その備蓄をもって法人の事業の用に供したものと考えます。

A

非常用食料品については、その備蓄時に購入費用の全額を損金の額に算入できます。

なお、貴社のご相談に類似するものが、国税庁ホームページの質疑応答事例「非常用食料品の取扱い」に掲載されています。

解 説

食料品は、減価償却資産（法令13）や繰延資産（法令14）には含まれず、また、繰り返し使用するものでもないことから、一般的には、消耗品として取り扱われます。

また、災害時用の非常食については、備蓄すること自体にその支出の目的があることから、備蓄することをもって事業の用に供したものと考えることができます。

したがって、当該事例における長期備蓄用の非常用食料品については、その備蓄時に購入費用の全額を損金の額に算入することができます。

37

2-6 自社のホームページの制作費用

Q

当社は、さらなる営業力強化の観点から、今般、自社のホームページを外部委託により制作しました。

このホームページの制作費用について、税務上の取扱いを教えてください。

Point

自社のホームページを外部に委託して制作した場合の制作費用は、税務上、ソフトウェアとそれ以外のものに区分して処理します。

A

貴社におけるホームページの制作費用のうち、税務上、ソフトウェアとすべき支出が含まれている場合には、その支出は、無形固定資産（ソフトウェア）として資産計上します。

また、上記以外の支出については、使用可能期間に応じて費用計上していくことを原則としますが、課税上の弊害がない限り、支出時の費用としても税務上の問題は生じないものと考えられます。

解 説

自社のホームページの制作費用については、次のように、ソフトウェアとすべき支出とそれ以外の支出に区分して処理します。

1 ソフトウエアとすべき支出

ホームページの制作費用に、税務上、ソフトウェアとすべき支出が含まれている場合には、その支出は、無形固定資産（ソフトウェア）として資産計上し（法令13八リ）、耐用年数5年の定額法により減価償却していくこととなります（耐用年数省令別表第三）。

38

第2章｜減価償却・特別償却

　この点、ソフトウェアとは、いわゆるコンピュータプログラムの総称ですので、制作費用にこのような支出が含まれていないか、外部委託先からの見積書や請求書等により確認します。

2 ソフトウェア以外の支出

　ホームページ制作費用のうち、ソフトウェア以外の支出については、自社のホームページの使用可能期間を合理的に見積もった上で、当該使用可能期間の経過に応じて費用に計上していくこととなります。この場合、翌事業年度以降に対応する部分は、前払費用等として処理します。

　なお、通常、ホームページは随時更新されるものが多く、そのままの状態で長期間にわたって使用するケースは稀であると考えられることから、ソフトウェアとして計上すべき支出を除く制作費用について、その支出時の費用として処理したとしても、課税上の弊害がない限り税務上の問題は生じないものと考えられます。

減価償却資産の耐用年数等に関する省令（別表第三　無形減価償却資産の耐用年数表）

種類	細目	耐用年数
ソフトウエア	複写して販売するための原本	3
	その他のもの	5

2-7 スペアタイヤの取得費用

Q

　当社所有の社用車について、スペアタイヤ1本（補助用ではなく、アルミ付の現本体と同じもの）を取得しました。

　このスペアタイヤについて、減価償却費を計上しても税務上問題はないでしょうか。

Point

予備で取得したスペアタイヤを減価償却できるのかについて、

① 　法人税法施行令第133条（少額の減価償却資産の取得価額の損金算入）

② 　法人税基本通達7-1-3（稼働休止資産）

③ 　法人税基本通達7-1-4の2（常備する専用部品の償却）

の適用の可否からそれぞれ検討します。

A

　貴社が取得したスペアタイヤについては、減価償却費の計上は原則として認められません。

解 説

　スペアタイヤの減価償却費の計上の可否について、次の3つのアプローチから検討します。

1 法人税法施行令第133条（少額減価償却資産）

　これは、スペアタイヤの取得価額が仮に10万円未満の場合に、法人税法施行令第133条の少額減価償却資産として、損金経理により一時の費用として計上できないかというもの

です。

　しかしながら、スペアタイヤは、あくまでもスペアであって、タイヤが有する本来の属性に従って、事業の用に供したものということはできません。したがって、同法令により一時の費用として計上することもできません。

法人税法施行令第133条（少額の減価償却資産の取得価額の損金算入）

　内国法人がその事業の用に供した減価償却資産で、前条第一号に規定する使用可能期間が１年未満であるもの又は取得価額が10万円未満であるものを有する場合において、その内国法人が当該資産の当該取得価額に相当する金額につきその事業の用に供した日の属する事業年度において損金経理をしたときは、その損金経理をした金額は、当該事業年度の所得の金額の計算上、損金の額に算入する。

---

2 法人税基本通達7−1−3 （稼働休止資産）

　減価償却費を計上できるのは、本来、事業の用に供している、言い換えれば、減価償却資産を稼働していることが前提となります。ただし、法人税基本通達7−1−3においては、たとえその稼働を休止している資産であっても、一定の要件の下に例外的に減価償却費の計上を認めることとしています。

　この点、当該事例においては、タイヤ自体、乗用車全体からみれば一部品であって、タイヤそのものが稼働するわけではなく、スペアタイヤを同通達の「稼働休止資産」と位置付けることには問題があるといえます。したがって、スペアタイヤを稼働休止資産として、減価償却費の計上をすることはできないものと考えます。

法人税基本通達7−1−3 （稼働休止資産）

　稼働を休止している資産であっても、その休止期間中必要な維持補修が行われており、いつでも稼働し得る状態にあるものについては、減価償却資産に該当するものとする。

---

3 法人税基本通達7−1−4の2 （常備する専用部品の償却）

　減価償却費を計上できるのは、本来、事業の用に供していることが前提ですが、法人税基本通達7−1−4の2においては、常備して繰り返して使用する専用部品については、たとえ事業の用に供していなくても、一定の要件の下に例外的に減価償却を認めることとしています。

この点、スペアタイヤは、同通達に例示されている航空機の予備エンジンや電気自動車の予備バッテリー等のように、事業の用に供するために常備され、整備した上で再び繰り返して使用されるようなものではありません。したがって、スペアタイヤを常備する専用部品として、減価償却費を計上することはできないものと考えます。

法人税基本通達７－１－４の２（常備する専用部品の償却）
例えば航空機の予備エンジン、電気自動車の予備バッテリー等のように減価償却資産を事業の用に供するために必要不可欠なものとして常備され、繰り返して使用される専用の部品（通常他に転用できないものに限る。）は、当該減価償却資産と一体のものとして減価償却をすることができる。

4 まとめ

　以上、スペアタイヤについては、その取得の段階で事業の用に供したものということはできず、また、通達等により減価償却資産に該当するとみることもできないことから、減価償却費の計上は原則として認められません。

　なお、パンクしたタイヤをスペアタイヤに取り換えた場合には、その段階でスペアタイヤの取得価額を修繕費等の科目で費用に計上することになります。

第2章 減価償却・特別償却

2-8 取壊費の取扱い

Q

当社は、事務所用として中古マンションを取得し、事務所用にリフォームするため室内の一部を取り壊しました。

このリフォームに関する支出は、次のとおりです。

① 取得費……………………800万円
② 取壊費……………………100万円
③ リフォーム（改装）費……200万円

この場合、①と③は、建物等の取得価額として処理する予定ですが、②取壊費の100万円は、税務上、どのように処理すべきでしょうか。

Point

取壊費そのものの取扱いとしては、税務上、明文規定はありません。そのため、建物等を取り壊す状況によってどう処理すべきか、その判断に迷うケースも多く、減価償却の取得価額を巡る論点の中では、比較的多い相談のひとつです。

A

②の取壊費100万円は、①及び③と同様に、建物等の取得価額に算入します。

解 説

1 制度の概要

資産を取り壊すための支出は、本来、いくらかかろうとも、何らその資産価値を高めることにはならないため、原則として、一時の費用として計上すべきです。

しかしながら、法人税基本通達7-3-6では、「その建物等を取り壊して土地を利用する目的であることが明らかであると認められるときは、建物等の取壊しの時における帳簿価額及び取壊費用の合計額は、土地の取得価額に算入する」とし、土地の取得を目的とし

て、購入当初から建物の取得と取壊しが予定されている場合には、建物の帳簿価額だけでなく取壊費についても土地の取得価額に含める旨規定しています。

これは、取壊しそのものが、新たな資産の取得を目的とした支出であって、取壊しと新たな資産の取得には、全体として一体性があり、取壊費が新たな資産を取得するために要した支出の一部であると考えるためです（法令54①一イ）。

2 当該事例の考え方

当該事例においては、中古マンションの購入当初の段階から、解体・リフォームをした上で事務所用として利用することが明らかです。

したがって、②の取壊費は、中古マンションの取得のための支出の一部を構成し、中古マンションの建物等の取得価額に算入することとなります。

法人税法施行令第54条第1項（減価償却資産の取得価額）

減価償却資産の第48条から第50条まで（減価償却資産の償却の方法）に規定する取得価額は、次の各号に掲げる資産の区分に応じ当該各号に定める金額とする。
一　購入した減価償却資産　次に掲げる金額の合計額
　　イ　当該資産の購入の代価（引取運賃、荷役費、運送保険料、購入手数料、関税（関税法第2条第1項第四号の二（定義）に規定する附帯税を除く。）その他当該資産の購入のために要した費用がある場合には、その費用の額を加算した金額）

法人税基本通達7-3-6（土地とともに取得した建物等の取壊費等）

法人が建物等の存する土地（借地権を含む。以下7-3-6において同じ。）を建物等とともに取得した場合又は自己の有する土地の上に存する借地人の建物等を取得した場合において、その取得後おおむね1年以内に当該建物等の取壊しに着手する等、当初からその建物等を取り壊して土地を利用する目的であることが明らかであると認められるときは、当該建物等の取壊しの時における帳簿価額及び取壊費用の合計額（廃材等の処分によって得た金額がある場合は、当該金額を控除した金額）は、当該土地の取得価額に算入する。

第2章│減価償却・特別償却

参 考

　次の表は、取壊費を支出する主な3つのパターンを例として、それぞれの取壊費の原則的な取扱いを整理したものです。

	パターン1	パターン2	パターン3
取引の概要	新たに土地（建物付）を取得し、新社屋を建築するため、既存の建物を取り壊した。	新たに土地（建物付）を取得し、既存の建物を事務所用に一部改装するため、取壊費を支出した。	新社屋に建替えのため、現社屋を取り壊した。
取壊費の取扱い	土地の取得価額に含める。	建物の取得価額に含める。	一時の費用として計上する。
税務上の判断ポイント	取壊しの目的が、土地の取得にある。	土地（建物付）の取得当初から事務所用として利用することが明らかであり、取壊しと建物の取得には全体として一体性がある。	取壊費は現社屋にすべて投下されるものであって、新社屋の資産価値を高めるものではない。
参考条文等	法令54①一イ、法基通7-3-6、法基通7-3-16の2	法令54①一イ、法基通7-3-6	法基通7-7-1

2-9 耐用年数適用上の留意事項等

Q

　当社は製造業であり、建物や建物附属設備、機械等の減価償却資産を数多く有しています。

　これら減価償却資産の耐用年数の適用に当たって、何か留意すべき事項等があれば教えてください。

Point

　取得した減価償却資産の耐用年数が、「減価償却資産の耐用年数等に関する省令」の別表のどの種類に該当するのかという相談は、実務では最も多い論点のひとつです。

A

　減価償却資産の耐用年数の適用に当たっては、耐用年数省令の別表の種類（建物、建物附属設備、構築物、車両及び運搬具、工具、器具及び備品、機械及び装置）の区分判定を誤らないように十分留意してください。この種類の区分判定を誤ると、耐用年数に大きな階差が生じ、その後の当期純利益の金額や課税所得金額に大きな影響を及ぼす結果となります。

　次ページの表は、耐用年数省令の別表の種類について、その定義等を整理したものですので、区分判定の際にご参照ください。

46

種　類	定　　義　　等
建　物	土地に定着して建設された工作物で、周壁、屋根を有し、住居、工場、貯蔵又はこれらに準ずる用に供されるもの。通常、建物の基礎、柱、壁、はり、階段、窓、床等の主物及びその従物たる建具（畳、ふすま、障子、ドアその他本体と一体不可分の内部造作物）をいう。
建物附属設備	建物に固着されたもので、建物の使用価値を増加させるもの又は維持管理上必要なもの。
構　築　物	土地に定着する土木設備又は工作物。 ただし、生産工程の一部としての機能を有するものは、機械及び装置に該当する。
車両及び運搬具	自動車登録規則による登録の有無や自走能力の有無で判定するのではなく、人や物を運搬するものかどうかによって判定する。
工　具	通常、工具とは、 ① 機械作業の補助的手段に用いる ② 運動の転換機能がない ③ それ自体は作業しない などの要素があるものをいう。
器具及び備品	通常、器具及び備品とは、 ① 構造上、建物と物理的又は機能的に独立・可分である ② 建物本来の効用を維持する目的以外の固有の目的で設置されている ことが要件とされる。
機　械	一般的に生産工程の一部としての機能を有するもので、通常、 ① 剛性のある物体から構成されている ② 一定の相対運動をする機能を持っている ③ それ自体が仕事をする の要素を充足するもの。
装　置	装置とは、広義的には、工場等の用役設備全体のことであり、一般的に、 ① 剛性のある物体から構成されている ② 一定の相対運動をする機能を持っているか、それ自体が仕事をする ③ 機械とともに又は補助用具として工場等の設備を形成し総合設備の一部として用役の提供を行うもの の総称である。

2-10 内装工事費は「建物」か「建物附属設備」か

Q

当社は、新設法人であり、賃貸マンションに本店所在地を登記しました。

当該賃貸マンションの入居に際して支出した内装工事費について、税務上の取扱いを教えてください。

Point

内装工事費については、その全体で判断するのではなく、個々の工事内容に応じて建物や建物附属設備に区分します。

A

貴社が支出した内装工事費については、その支出の内容を見積書等により個々に確認した上で、耐用年数省令別表第一の「建物附属設備」に特掲されている部分については「建物附属設備」に、それ以外の部分については、原則として「建物」となります。

また、建物に該当する場合の耐用年数については、一定の要件の下、賃借期間や合理的に見積もった期間とすることが認められています。

解 説

■ 「建物」と「建物附属設備」の区分

建物とは、柱、壁、屋根から構成され、外界と隔絶した空間を確保するための構造物であって、住宅、店舗、事務所、工場、倉庫等の用に供するものです。また、この建物には、建物附属設備として独立の償却単位とされていないもので、当該建物と物理的・機能的に一体となったものなども含まれます。

一方、建物附属設備とは、建物に固着し、その建物の使用価値を増加させるもの又はその建物の維持管理上必要なものです。具体的には、耐用年数省令別表第一に特掲されてお

り、電気・水道・ガス・衛生設備や冷暖房通風設備等がこれに該当します。

　この点、内装工事費を「建物」と考えるのか、「建物附属設備」と考えるのかということですが、内装工事費全体としてどちらになるということではありません。あくまでも、内装工事費の個々の工事内容に応じて、建物や建物附属設備に区分することになります。具体的には、内装工事費の支出内容を見積書等により確認し、耐用年数省令別表第一の「建物附属設備」に特掲されている部分については「建物附属設備」に、それ以外の部分については、原則として「建物」となります。繰り返しになりますが、耐用年数省令別表第一の「建物附属設備」に特掲されていない建物に係る設備等の支出については、原則として「建物」となる点に十分留意願います。

２ 耐用年数の考え方

　内装工事費が建物に該当する場合に、耐用年数をどのように考えるかについては、本来、賃貸物件といえども、当該マンションの構造等で判断すべきであるという考え方もできます。

　しかしながら、賃貸物件については、実際にその建物等の所有権を有するわけでもなく、通常の所有権を有する建物等と同様に、耐用年数省令の別表の耐用年数をそのまま適用することは、現実的ではないものといえます。

　そこで、実務上の取扱いとして、

①　建物の耐用年数や種類、用途、使用材質等を勘案して合理的に見積もった耐用年数とする

②　賃借期間の更新ができず、かつ、有益費の請求又は買取請求をすることができないものは、賃借期間を耐用年数とする

ことも認められています（耐通１−１−３）。

> ### 耐用年数の適用等に関する取扱通達１−１−３ （他人の建物に対する造作の耐用年数）

> 　法人が建物を貸借し自己の用に供するため造作した場合（現に使用している用途を他の用途に変えるために造作した場合を含む。）の造作に要した金額は、当該造作が、建物についてされたときは、当該建物の耐用年数、その造作の種類、用途、使用材質等を勘案して、合理的に見積った耐用年数により、建物附属設備についてされたときは、建物附属設備の耐用年数により償却する。ただし、当該建物について賃借期間の定めがあるもの（賃借期間の更新のできないものに限る。）で、かつ、有益費の請求又は買取請求をすることができないものについては、当該賃借期間を耐用年数として償却することができる。

2-11 「カード認証による個人識別装置」の耐用年数

Q

当社は、セキュリティ強化の観点から、従業員専用の出入口ドアに「カード認証による個人識別装置」を設置しました。

当該装置の耐用年数は、何年と考えたらよいでしょうか。

Point

従業員専用の出入口ドアに設置した「カード認証による個人識別装置」は、その設置された目的や状況等を鑑みた上で、耐用年数省令別表第一の「器具及び備品」か「建物附属設備」のいずれかに該当することとなります。

A

貴社が設置した「カード認証による個人識別装置」については、

① 「壁掛け型、簡易な装置、容易に設置、鍵の代わり」といえるようなものであれば、「器具及び備品」の「11　前掲以外」・「その他のもの」・「主として金属製のもの」で10年

② ドアそのものの一部として、出入口ドアと一体性を有しているといえるようなものであれば、「建物附属設備」の「エヤーカーテン又はドアー自動開閉設備」の12年

に該当するものと考えます。

解　説

当該装置の耐用年数を検討するに当たっては、次の2つのアプローチから検討することとなります。

1 「器具及び備品」と考える

当該装置を「器具及び備品」と考える場合には、当該装置が、建物と物理的又は機能的

に独立・可分であって、建物本来の効用を維持する目的以外の固有の目的で設置されているかどうかがポイントとなります。特に、当該装置でいえば、「壁掛け型、簡易な装置、容易に設置、鍵の代わり」などといったものかどうかを斟酌することも有用であると考えます。

また、当該装置を「器具及び備品」と考える場合の耐用年数ですが、仮に当該装置がインターホーンの延長上のものであるという点を重視するとすれば、自動管理装置として、「器具及び備品」のうち「インターホーン及び放送用設備」の6年となります。この「インターホーン及び放送用設備」には、一般的には、入室の遠隔監視、扉の施解錠等のための監視用カメラ、モニターTV、インターホーン、制御器、プリンター、操作表示器などが含まれます。

しかしながら、当該事例においては、インターホーンというよりは、むしろセキュリティ強化を目的とした識別装置であるという点が重視されていますので、「器具及び備品」の中でも、「インターホーン及び放送用設備」ではなく、「11　前掲以外」・「その他のもの」・「主として金属製のもの」に該当するものと考えます。

2 「建物附属設備」と考える

当該装置を「建物附属設備」と考える場合には、当該装置が、建物に固着されたものであって、建物の使用価値を増加させるもの又は維持管理上必要なものかどうかがポイントになります。特に、当該装置でいえば、「ドアそのものの一部として出入口ドアと一体性を有しているか」といった点を斟酌することも有用であると考えます。

また、当該装置が「建物附属設備」と考える場合の耐用年数ですが、当該装置がセキュリティを強化した出入口ドアであることから、ドア自動開閉設備として、「建物附属設備」の「エヤーカーテン又はドアー自動開閉設備」の12年に該当するものと考えます。この「エヤーカーテン又はドアー自動開閉設備」には、一般的には、電動機、圧縮機、駆動装置などが含まれます。

2-12 特殊車両等の耐用年数

Q

　当社は、総合建築業を営んでいます。当社が保有するトラッククレーンやブルドーザーなどの特殊車両等の耐用年数は、耐用年数省令別表第一の「車両及び運搬具」か、あるいは別表第二の「機械及び装置」か、いずれに区分されるのでしょうか。

Point

　特殊車両等が、耐用年数省令別表第一の「車両及び運搬具」か、別表第二の「機械及び装置」のいずれに該当するかは、その使用目的によって判断します。

A

　貴社が保有するトラッククレーンやブルドーザーなどの特殊車両等は、耐用年数省令別表第二の「機械及び装置」を適用します。

解 説

1 制度の概要

　特殊車両等の耐用年数省令の適用については、

①　人又は物の運搬が主目的の場合は、耐用年数省令別表第一の「車両及び運搬具」

②　作業場等における作業が主目的の場合は、耐用年数省令別表第二の「機械及び装置」

となります（耐通2-5-5）。

2 当該事例の考え方

　当該事例におけるトラッククレーンやブルドーザーなどの特殊車両等は、作業場等において作業することを主目的としていることから、耐用年数省令別表第二の「機械及び装置」

52

を適用します。

耐用年数の適用等に関する取扱通達 2-5-5 （特殊自動車に該当しない建設車両等）

　トラッククレーン、ブルドーザー、ショベルローダー、ロードローラー、コンクリートポンプ車等のように人又は物の運搬を目的とせず、作業場において作業することを目的とするものは、「特殊自動車」に該当せず、機械及び装置に該当する。この場合おいて、当該建設車両等の耐用年数の判定は、1-4-2によることに留意する。

参 考

次の表は、特殊車両等の耐用年数省令の適用区分について整理したものです。

使用目的	人又は物の運搬を主目的		作業場等において作業することを主目的	
耐用年数省令	別表第一「車両及び運搬具」		別表第二「機械及び装置」	
具体例	救急車		トラッククレーン	
	し尿車		ブルドーザー	
	トラックミキサー		ショベルローダー	
	レッカー車		ロードローラー	
	トレーラー		コンクリートポンプ車	
	自走式クローラダンプ（キャタピラーを架装した軟弱地での土地等の運搬を目的とした車両）		高圧下水管洗浄車	
	クレーン付トラック		くい打機	
	フォークリフト		コンクリートフィニッシャー	

第2章 減価償却・特別償却

2-13 資本的支出に係る耐用年数の考え方

Q

当社は、今般、工場内にある既存設備等の修繕や改良等を行いました。

この修繕や改良等に要した支出が、税務上の資本的支出となる場合、当該支出の耐用年数をどのように考えればよいでしょうか。

Point

平成19年4月1日以後に支出される資本的支出については、既に有する減価償却資産と種類及び耐用年数を同じくする減価償却資産を新たに取得したものとして考えます。

A

貴社における資本的支出に係る耐用年数は、既に有する工場内の既存設備等と同じ耐用年数となります。

解 説

1 当該事例の考え方

資本的支出とは、法人が有する固定資産について支出する金額で、次の①又は②に掲げる金額に該当するもの（いずれにも該当する場合には、いずれか多い金額）とされています（法令132）。

① その支出により、当該資産の使用可能期間を延長させる部分に対応する金額。

② その支出により、当該資産の価額を増加させる部分に対応する金額。

この資本的支出に相当する金額については、修繕費等の損益科目により一時の損金とすることはできず、当該金額を取得価額として、その有する減価償却資産と種類及び耐用年数を同じくする減価償却資産を新たに取得したものとされます（法令55①）。

55

したがって、資本的支出に係る耐用年数は、その本体の減価償却資産について現に適用している耐用年数と同じ年数となります（耐通1-1-2）。

2 特例的な取扱い

　平成19年3月31日以前に取得した減価償却資産に資本的支出を行った場合、平成24年4月1日以後に取得した定率法を採用している減価償却資産に資本的支出を行った場合、及び平成19年4月1日から平成24年3月31日までの間に取得した定率法を採用している資産に対して資本的支出を行った場合には、資本的支出の取扱いについて、それぞれ特例が定められています（法令55②④⑤）。

　また、中古の減価償却資産を新たに取得し、当該減価償却資産に対して当該減価償却資産の再取得価額の50％を超える資本的支出を行った場合には、当該減価償却資産の耐用年数には、法定耐用年数が適用されます（耐用年数省令3ただし書き、耐通1-5-2）。

法人税法施行令第55条第1項（資本的支出の取得価額の特例）

　内国法人が有する減価償却資産について支出する金額のうちに第132条（資本的支出）の規定によりその支出する日の属する事業年度の所得の金額の計算上損金の額に算入されなかつた金額がある場合には、当該金額を前条第1項の規定による取得価額として、その有する減価償却資産と種類及び耐用年数を同じくする減価償却資産を新たに取得したものとする。

耐用年数の適用等に関する取扱通達1-1-2（資本的支出後の耐用年数）

　省令に定める耐用年数を適用している減価償却資産について資本的支出をした場合には、その資本的支出に係る部分の減価償却資産についても、現に適用している耐用年数により償却限度額を計算することに留意する。令第55条第4項及び第5項《資本的支出の取得価額の特例》の規定により新たに取得したものとされる一の減価償却資産については、同条第4項に規定する旧減価償却資産に現に適用している耐用年数により償却限度額を計算することに留意する。

2-14 展示用モデルハウスへの「中古資産の簡便法」の適用

Q

当社は、新規にオープンさせる営業所の建物として、大手不動産会社が所有していた本社近隣に存する展示用モデルハウスを取得しました。

当該モデルハウスについては、既に展示用として使用されていたことから、当社において、中古資産を取得した際の簡便法による耐用年数を適用することができますか。

Point

中古資産の耐用年数を考える上での「中古」とは、あくまでもその資産の有する本来の属性に従って事業の用に供されていたものをいい、本来の属性以外の目的で事業の用に供されていた場合には、原則として中古資産には該当しないものと考えます。

A

貴社が取得した展示用モデルハウスは、税務上の中古資産には該当せず、したがって、中古資産を取得した際の簡便法による耐用年数も適用できないものと考えます。

解説

1 中古資産の耐用年数

中古資産といっても、新品の資産を取得した場合と同様に、法定耐用年数により減価償却すべきであるという考え方もあり得ます。

ただ、それでは経済的実態の観点から不合理であると言わざるを得ない面もあることから、中古資産を取得した場合には、法定耐用年数ではなく、

① 以後の使用可能期間の年数

② ①の見積りが困難な場合の簡便法

を耐用年数にできることとされています（耐用年数省令3）。

　また、②の簡便法とは、中古資産の取得以後の使用可能期間の年数の見積りが困難な場合に限って認められており、具体的には、

イ　法定耐用年数の全部を経過した資産については、当該資産の法定耐用年数の20/100の年数

ロ　法定耐用年数の一部を経過した資産については、当該資産の法定耐用年数から経過年数を控除した年数に、経過年数の20/100の年数を加算した年数

を耐用年数とするものです（耐用年数省令3①二）。

　なお、中古資産を事業の用に供するために支出した資本的支出の金額が中古資産の取得価額の50％の金額を超える場合には、簡便法は適用できず、法定耐用年数を適用することとなります（耐用年数省令3ただし書き、耐通1-5-2）。

2 「中古」の意義

　簡便法を適用できる中古資産の「中古」とは、当該資産の取得前に既に法人の事業の用に供されていたものをいうとされています（耐用年数省令3①）。

　この点、事業の用に供されていたかどうかは、単に法人の事業として使用されていたかどうかということだけで判断するのではなく、例えば、

イ　建物であれば、事務所や工場として使用する

ロ　車両運搬具であれば、人や物を運ぶ

といった、当該資産が有する本来の属性に従って使用されていたかどうかという点も踏まえる必要があります。

3 当該事例の考え方

　当該事例における展示用モデルハウスは、確かに、大手不動産会社において展示用として使用されていたという意味では既に事業の用に供されており、貴社の立場からすれば展示用モデルハウスは中古資産に該当するとの見方もできます。

　しかし、税務上の耐用年数を適用する上での中古資産とは、上述のとおり、あくまでもその資産の有する本来の属性に従って事業の用に供されていたものをいい、展示用モデルハウスは居住用や事務所用といった建物が有する本来の属性として使用されていたわけではありません。

　したがって、当該事例における展示用モデルハウスは、税務上の中古資産には該当せず、

中古資産を取得した際の簡便法による耐用年数も適用できないものと考えます。

減価償却資産の耐用年数等に関する省令第３条第１項（中古資産の耐用年数等）

　　個人において使用され、又は法人において事業の用に供された所得税法施行令第６条各号（減価償却資産の範囲）又は法人税法施行令第13条各号（減価償却資産の範囲）に掲げる資産の取得をしてこれを個人の業務又は法人の事業の用に供した場合における当該資産の耐用年数は、前２条の規定にかかわらず、次に掲げる年数によることができる。ただし、当該資産を個人の業務又は法人の事業の用に供するために当該資産について支出した所得税法施行令第181条（資本的支出）又は法人税法施行令第132条（資本的支出）に規定する金額が当該資産の取得価額の100分の50に相当する金額を超える場合には、第二号に掲げる年数についてはこの限りでない。

一　当該資産をその用に供した時以後の使用可能期間（個人が当該資産を取得した後直ちにこれをその業務の用に供しなかった場合には、当該資産を取得した時から引き続き業務の用に供したものとして見込まれる当該取得の時以後の使用可能期間）の年数

二　次に掲げる資産（別表第一、別表第二、別表第五又は別表第六に掲げる減価償却資産であって、前号の年数を見積もることが困難なものに限る。）の区分に応じそれぞれ次に定める年数（その年数が２年に満たないときは、これを２年とする。）

　イ　法定耐用年数の全部を経過した資産　当該資産の法定耐用年数の100分の20に相当する年数

　ロ　法定耐用年数の一部を経過した資産　当該資産の法定耐用年数から経過年数を控除した年数に、経過年数の100分の20に相当する年数を加算した年数

2-15 少額の減価償却資産の判定単位

Q

当社では、社内の情報共有の迅速化と全社的なコスト削減を図る観点から、社内のみで利用するトランシーバーの利用計画案を策定しています。このトランシーバーを利用するためには、トランシーバー2～5台につき中継機器1台が必要で、価額としては、トランシーバーは1台5万円、中継機器は1台35万円です。また、現在の利用計画案としては、中継機器を10台程度、トランシーバーを40～50台購入予定です。

そこで、質問ですが、トランシーバーについては、1台当たり10万円未満であることから、少額の減価償却資産（法令133）として、その全額を費用に計上しても問題ないでしょうか。

なお、トランシーバー自体は、市場等において1台単位で取引可能です。

Point

少額の減価償却資産（法令133、法基通7－1－11）の取扱いにおける、10万円未満の判定単位の「通常1単位として取引されるその単位」かどうかを判断するに当たっては、他の資産と一体性を有するものかどうかという視点も必要です。

A

貴社が取得予定のトランシーバーは、少額の減価償却資産には該当しませんので、その全額を費用として計上することはできないものと考えます。

解説

1 制度の概要

少額の減価償却資産とは、取得価額が10万円未満又は使用可能期間が1年未満である減価償却資産について、①事業の用に供すること、及び②損金経理をすることを要件として、

第2章｜減価償却・特別償却

その取得価額の全額を損金に算入できるというものです（法令133）。

そして、この取得価額が10万円未満かどうかについては、「通常1単位として取引されるその単位」ごとに判定することとされています（法基通7-1-11）。

2 当該事例の考え方

当該事例におけるトランシーバーは、確かに、1台5万円と10万円未満であって、それ自体が市場等において1台単位で取引可能であることから、少額の減価償却資産としてその全額を費用として計上できるのではないかという見方もあり得ます。

しかし、トランシーバーは、もともと中継機器がなければ通信機器として機能しないことから、中継機器と一体性を有するものであって、税務上は、トランシーバー単体ではなく、あくまでも中継機器と併せた1セットのものとして、その単位をみるべきであると考えます。

したがって、トランシーバーについては、それ単体で10万円未満と判定できず、少額の減価償却資産には該当しませんので、その全額を費用に計上することはできないものと考えます。なお、トランシーバーは、中継機器を含めて「器具及び備品」として資産計上することとなります。

法人税法施行令第133条

内国法人がその事業の用に供した減価償却資産で、前条第一号に規定する使用可能期間が1年未満であるもの又は取得価額が10万円未満であるものを有する場合において、その内国法人が当該資産の当該取得価額に相当する金額につきその事業の用に供した日の属する事業年度において損金経理をしたときは、その損金経理をした金額は、当該事業年度の所得の金額の計算上、損金の額に算入する。

法人税基本通達7-1-11

令第133条《少額の減価償却資産の取得価額の損金算入》又は令第133条の2《一括償却資産の損金算入》の規定を適用する場合において、取得価額が10万円未満又は20万円未満であるかどうかは、通常1単位として取引されるその単位、例えば、機械及び装置については1台又は1基ごとに、工具、器具及び備品については1個、1組又は1そろいごとに判定し、構築物のうち例えば枕木、電柱等単体では機能を発揮できないものについては一の工事等ごとに判定する。

61

2-16 一括償却資産の月数按分計算

Q

当社は新設法人であり、設立1期目の事業年度の月数が11か月です。

この場合、一括償却資産（法令133の2）に係る損金算入限度額の計算上、月数按分計算しなければならないのでしょうか。

Point

一括償却資産の3年均等償却を選択するメリットは、事業年度の期中に取得した場合であっても、月数按分計算することなく取得価額の1/3を損金に算入できるという点にあります。ただし、これは、あくまでも事業年度の月数が12か月の場合を前提としています。

A

　貴社の当該事業年度の月数は11か月ですので、一括償却資産の損金算入限度額の計算上、月数按分計算が必要となります。

解説

❶当該事例の考え方

　一括償却資産の損金算入を定める法人税法施行令第133条の2第1項では、「……のうち、当該一括償却資産に係る一括償却対象額を36で除しこれに<u>当該事業年度の月数</u>を乗じて計算した金額に達するまでの金額とする」と規定しています。

　すなわち、一括償却資産の損金算入限度額の計算上の分子は、あくまで「当該事業年度の月数」がベースとなることから、事業年度の月数が11か月の場合には11/36となり、単純に3年均等償却ではなく月数按分計算が必要であるということになります。

第2章｜減価償却・特別償却

2 その他の留意事項

一括償却資産の損金算入限度額の計算上のポイントは、

① 当該事業年度の月数が12か月の場合には、期中に取得した場合であっても、単純に3年均等償却となり、月数按分計算を行う必要がない

② 新設や決算期変更等のため当該事業年度の月数が11か月以下となる場合には、3年均等償却ではなく、必ず月数按分計算を行う必要がある

という点です。

また、一括償却資産について損金算入するためには、法人税申告書において別表16（8）の添付が要件とされています（法令133の2⑬）。

法人税法施行令第133条の2（一括償却資産の損金算入）

1 内国法人が各事業年度において減価償却資産で取得価額が20万円未満であるものを事業の用に供した場合において、その内国法人がその全部又は特定の一部を一括したものの取得価額の合計額を当該事業年度以後の各事業年度の費用の額又は損失の額とする方法を選定したときは、当該一括償却資産につき当該事業年度以後の各事業年度の所得の金額の計算上損金の額に算入する金額は、その内国法人が当該一括償却資産の全部又は一部につき損金経理をした金額のうち、当該一括償却資産に係る一括償却対象額を36で除しこれに<u>当該事業年度の月数</u>を乗じて計算した金額に達するまでの金額とする。

13 内国法人は、各事業年度において一括償却資産につき損金経理をした金額がある場合には、第一項の規定により損金の額に算入される金額の計算に関する明細書を当該事業年度の確定申告書に添付しなければならない。

2-17 定率法を採用する減価償却資産を一部除却した場合の償却保証額の再計算

Q

当社は、平成26年4月に取得した定率法を採用する減価償却資産について、当期中に当該減価償却資産の一部を除却しました。

この場合、当該資産について、償却保証額（法令48の2⑤一）の再計算は必要ですか。

Point

定率法による減価償却資産の償却限度額の計算上、償却保証額は当該資産の取得価額をベースに計算されます。その後、当該資産の一部を除却した場合には、会計上、一部除却した部分について取得価額相当額を減額しますので、償却保証額も再計算することになります。

A

償却保証額の再計算は必要です。

解説

1 制度の概要

平成19年4月1日以後に取得した減価償却資産の税務上の償却方法は、特別な償却方法を選定する場合（法令48の4）を除き、その資産の区分に応じて、定額法、定率法、生産高比例法及びリース期間定額法とされています（法令48の2①）。

このうち、定率法とは、減価償却資産の取得価額から既償却額を控除した金額に耐用年数に応じた定率法の償却率（平成24年4月1日以後取得分については定額法の償却率を2倍したもの）を乗じた金額を償却限度額とするものです（法令48の2①一イ（2））。

また、定率法による償却限度額の計算上、当該償却限度額が償却保証額に満たない事業

年度となった場合には、改定取得価額（法令48の2⑤二）に改定償却率を乗じた金額が償却限度額とされます（法令48の2①一イ（2））。この償却保証額とは、減価償却資産の取得価額に当該資産の耐用年数に応じた保証率を乗じて計算した金額をいいます（法令48の2⑤一）。

② 当該事例の考え方

当該事例は、定率法を採用する減価償却資産について、その一部を除却した場合に、取得価額をベースとして計算される償却保証額を再計算する必要があるのかというものです。

この点、減価償却資産の一部を除却した場合には、会計上、一部除却した部分について取得価額相当額を減額し、これまで計上してきた除却部分の減価償却累計額の相殺消去と、これらの貸借差額として固定資産除却損を計上する処理を行います。

したがって、会計上、減価償却資産の取得価額そのものが、一部除却した部分の取得価額相当額だけ減額されることになりますので、取得価額をベースに計算される償却保証額も再計算しなければならないということになります。

法人税法施行令第48条の2

1 　平成19年4月1日以後に取得をされた減価償却資産の償却限度額の計算上選定をすることができる法第31条第1項（減価償却資産の償却費の計算及びその償却の方法）に規定する政令で定める償却の方法は、次の各号に掲げる資産の区分に応じ当該各号に定める方法とする。

　一 　第13条第一号及び第二号（減価償却資産の範囲）に掲げる減価償却資産　次に掲げる区分に応じそれぞれ次に定める方法

　イ 　平成28年3月31日以前に取得をされた減価償却資産（建物を除く。）

（2） 　定率法（当該減価償却資産の取得価額にその償却費が毎年一から定額法償却率に2（平成24年3月31日以前に取得をされた減価償却資産にあっては、2.5）を乗じて計算した割合を控除した割合で逓減するように当該資産の耐用年数に応じた償却率を乗じて計算した金額（当該計算した金額が償却保証額に満たない場合には、改定取得価額にその償却費がその後毎年同一となるように当該資産の耐用年数に応じた改定償却率を乗じて計算した金額）を各事業年度の償却限度額として償却する方法をいう。）

5 　この条において、次の各号に掲げる用語の意義は、当該各号に定めるところによる。

　一 　償却保証額　減価償却資産の取得価額に当該資産の耐用年数に応じた保証率を乗じて計算した金額をいう。

2-18 法基通7−5−1（償却費として損金経理をした金額の意義）の考え方

Q

　当社は、前期において新たに建物附属設備を取得し、事業の用に供しています。ところが、前期の法人税確定申告書の提出後、当期になって、本来、建物附属設備として減価償却資産に計上すべきところ、誤って修繕費としてその全額を損金経理している事実が判明したことから、現在、速やかに修正申告の提出を検討しています。

　この点、当該修繕費として損金経理した金額が、法人税基本通達7−5−1（3）に該当するとすれば、前期に減価償却費として計上できる金額を超える部分の金額のみ増加すべき所得金額として修正申告すればよいものと考えています。

　そこで、ご相談ですが、この考え方で問題ないでしょうか。

Point

　法人税基本通達7−5−1（償却費として損金経理をした金額の意義）の「（3）減価償却資産について支出した金額で修繕費として経理した金額のうち令第132条（資本的支出）の規定により損金の額に算入されなかった金額」は、既にある減価償却資産について支出したものに限定されます。

A

　貴社は、既にある減価償却資産ではなく、新たに取得した建物附属設備について支出した金額を誤って修繕費とされていたものですので、法基通7−5−1（3）を適用することはできません。

　したがって、修繕費として損金経理した金額は、「償却費として損金経理をした金額」とはみなされませんので、前期の修正申告の提出に当たっては、修繕費として損金経理した金額の全額が増加すべき所得金額となります。

第2章｜減価償却・特別償却

解 説

1 制度の概要

　減価償却費の損金算入限度額については、法人税法第31条第1項において、償却費として損金経理をした金額のうち償却限度額に達するまでの金額とされています。

　この「償却費として損金経理をした金額」の意義については、減価償却費として損金経理していた場合に限定しているわけではなく、他の一定の要件を満たすような場合も含まれることが、法人税基本通達7−5−1において示されています。

2 当該事例の考え方

　法人税基本通達7−5−1の（3）においては、「減価償却資産について支出した金額で修繕費として経理した金額のうち令第132条（資本的支出）の規定により損金の額に算入されなかった金額」とあり、当該事例は、これに該当するか否かがポイントです。

　この点、冒頭の「減価償却資産について支出した金額」とは、既にある減価償却資産について支出された金額という意義です。

　したがって、新たに取得した減価償却資産について支出した金額を誤って修繕費として損金経理していた場合には、これには該当せず、「償却費として損金経理をした金額」には含まれないということになります。

　以上、前期の修正申告の提出に当たっては、前期に減価償却費として計上できる金額を超える部分の金額のみを増加すべき所得金額とするのではなく、修繕費として損金経理した金額の全額を増加すべき所得金額とすることになります。

> #### 法人税法第31条第1項（減価償却資産の償却費の計算及びその償却の方法）
>
> 　内国法人の各事業年度終了の時において有する減価償却資産につきその償却費として第22条第3項（各事業年度の損金の額に算入する金額）の規定により当該事業年度の所得の金額の計算上損金の額に算入する金額は、その内国法人が当該事業年度においてその<u>償却費として損金経理をした金額</u>のうち、その取得をした日及びその種類の区分に応じ、償却費が毎年同一となる償却の方法、償却費が毎年一定の割合で逓減する償却の方法その他の政令で定める償却の方法の中からその内国法人が当該資産について選定した償却の方法に基づき政令で定めるところにより計算した金額に達するまでの金額とする。

67

法人税基本通達 7−5−1 （償却費として損金経理をした金額の意義）

　　法第31条第1項《減価償却資産の償却費の計算及びその償却の方法》に規定する「償却費として損金経理をした金額」には、法人が償却費の科目をもって経理した金額のほか、損金経理をした次に掲げるような金額も含まれるものとする。

（1）　令第54条第1項《減価償却資産の取得価額》の規定により減価償却資産の取得価額に算入すべき付随費用の額のうち原価外処理をした金額

（2）　減価償却資産について法又は措置法の規定による圧縮限度額を超えてその帳簿価額を減額した場合のその超える部分の金額

（3）　減価償却資産について支出した金額で修繕費として経理した金額のうち令第132条《資本的支出》の規定により損金の額に算入されなかった金額

（4）　無償又は低い価額で取得した減価償却資産につきその取得価額として法人の経理した金額が令第54条第1項の規定による取得価額に満たない場合のその満たない金額

（5）　減価償却資産について計上した除却損又は評価損の金額のうち損金の額に算入されなかった金額

　　（注）　評価損の金額には、法人が計上した減損損失の金額も含まれることに留意する。

（6）　少額な減価償却資産（おおむね60万円以下）又は耐用年数が3年以下の減価償却資産の取得価額を消耗品費等として損金経理をした場合のその損金経理をした金額

（7）　令第54条第1項の規定によりソフトウエアの取得価額に算入すべき金額を研究開発費として損金経理をした場合のその損金経理をした金額

2-19 リース期間定額法を採用する資産を事業年度の中途で事業の用に供した場合の月数按分

Q

当社は、設立5期目の3月末を決算とする法人です。

当年2月1日に3年契約で所有権移転外リース取引により取得したリース資産について、1か月後の同年3月1日より事業の用に供しています。

当期における当該リース資産のリース期間定額法による償却限度額は、月数按分の計算が必要となりますが、この場合の分子は、

① 事業供用日を基準とした1か月
② リース期間を基準とした2か月

のいずれになるのでしょうか。

Point

事業年度の中途で事業の用に供した減価償却資産の償却限度額については、よるべき償却方法に基づき計算した金額がそのまま償却限度額となるのでなく、事業の用に供した月数分しか減価償却は認められません（法令59①）。

ただし、この取扱いは、リース期間定額法を採用するリース資産には適用されません。

A

当期における当該リース資産の償却限度額の月数按分の計算上、分子となるのは、②のリース期間を基準とした2か月となります。

解説

1 制度の概要

平成20年4月1日以後に締結された所有権移転外リース取引に係る契約によって取得したリース資産については、リース期間定額法に基づき減価償却の計算を行います（法令48

の２①六）。

　このリース期間定額法とは、リース資産の取得価額（取得価額に残価保証額に相当する金額が含まれている場合には、取得価額から残価保証額を控除した金額）をリース資産のリース期間の月数で除して計算した金額に、当該事業年度におけるリース期間の月数を乗じて計算した金額を各事業年度の償却限度額として償却する方法です（法令48の２①六）。

　すなわち、リース期間を耐用年数とした定額法により償却するというイメージになります。

　一方、法人税法施行令第59条では、「事業年度の中途で事業の用に供した減価償却資産の償却限度額の特例」として、減価償却資産を事業年度の中途で事業の用に供した場合の償却限度額について、当該資産によるべき償却方法に基づき計算した償却限度額を当該事業年度の月数で除し、これにその事業の用に供した日から当該事業年度終了の日までの期間の月数を乗じて計算した金額とする旨規定されています。

　これは、事業年度の中途で事業の用に供した場合には、あくまでも事業の用に供した月数分しか減価償却を認めないということです。

2 当該事例の考え方

　当該事例のリース資産に採用されるリース期間定額法は、償却限度額の特例を定める上述の法人税法施行令第59条第１項には列挙されていません。

　したがって、リース期間定額法によって償却するリース資産については、事業年度の中途で事業の用に供したとしても、同法令によって事業の用に供した月数の按分計算を行う必要はなく、あくまでもリース期間の月数を基に減価償却の償却限度額の計算を行えばよいということになります。

　以上、当該事例においては、リース期間の月数を基に減価償却の償却限度額の計算を行う②が正答となります。

第2章｜減価償却・特別償却

リース関係の用語の定義

○　所有権移転外リース取引（法法64の2、法令48の2⑤五）

　　ファイナンス・リース取引のうち、所有権移転リース取引以外の取引

○　リース資産（法令48の2⑤四）

　　所有権移転外リース取引に係る賃借人が取得したものとされる減価償却資産

○　残価保証額（法令48の2⑤六）

　　リース期間終了の時にリース資産の処分価額が所有権移転外リース取引に係る契約において定められている保証額に満たない場合にその満たない部分の金額を当該所有権移転外リース取引に係る賃借人がその賃貸人に支払うこととされている場合における当該保証額

○　リース期間（法令48の2⑤七）

　　リース取引に係る契約において定められているリース資産の賃貸借の期間

法人税法施行令第59条第1項（事業年度の中途で事業の用に供した減価償却資産の償却限度額の特例）

　　内国法人が事業年度の中途においてその事業の用に供した次の各号に掲げる減価償却資産については、当該資産の当該事業年度の償却限度額は、前条の規定にかかわらず、当該各号に定める金額とする。

一　そのよるべき償却の方法として旧定額法、旧定率法、定額法、定率法又は取替法を採用している減価償却資産　当該資産につきこれらの方法により計算した前条の規定による当該事業年度の償却限度額に相当する金額を当該事業年度の月数で除し、これにその事業の用に供した日から当該事業年度終了の日までの期間の月数を乗じて計算した金額

二　そのよるべき償却の方法として旧生産高比例法又は生産高比例法を採用している減価償却資産　当該資産につきこれらの方法により計算した前条の規定による当該事業年度の償却限度額に相当する金額を当該事業年度における当該資産の属する鉱区の採掘数量で除し、これにその事業の用に供した日から当該事業年度終了の日までの期間における当該鉱区の採掘数量を乗じて計算した金額

三　そのよるべき償却の方法として第48条の4第1項（減価償却資産の特別な償却の方法）に規定する納税地の所轄税務署長の承認を受けた償却の方法を採用している減価償却資産　当該承認を受けた償却の方法が前二号に規定する償却の方法のいずれに類するかに応じ前二号の規定に準じて計算した金額

2-20 少額減価償却資産の特例における限度額300万円の考え方

Q

当社は中小企業者等である青色申告法人で、当期は平成29年4月1日から平成30年3月31日までです。

当期において、取得価額29万円の機械（減価償却資産）を11台購入し、事業の用に供したことから、30万円基準といわれる「少額減価償却資産の取得価額の損金算入の特例」（措法67の5①）を最も有利な方法で適用したいと考えています。

この場合、当該特例により損金に算入される金額の合計額は、
① 300万円（限度額）
② 290万円（29万円×10台）
のいずれになりますか。

なお、当社は税抜経理方式を採用しています。

Point

「少額減価償却資産の取得価額の損金算入の特例」における300万円の限度額は、30万円未満の減価償却資産の取得価額そのものを300万円を限度として順に積み上げていくという計算プロセスです。いわば、玩具のブロックに例えれば、30万円未満の1ブロックで、300万円の山を超えるまで積み上げることができるルールであるといえます。

A

貴社が当該特例によって損金に算入できる金額の合計額は、②の290万円（29万円×10台）となります。

第2章｜減価償却・特別償却

解 説

1 制度の概要

いわゆる30万円基準とされる「中小企業者等の少額減価償却資産の取得価額の損金算入の特例」とは、中小企業者等である青色申告法人が、平成18年4月1日から平成32年3月31日までの間に取得等し、その法人の事業の用に供した減価償却資産で、その取得価額が30万円未満のものを有する場合に、損金経理を要件として、その損金経理をした金額を損金の額に算入できるというものです（措法67の5①）。

ただし、少額減価償却資産の取得価額の合計額が300万円を超えるときは、その取得価額の合計額のうち300万円に達するまでの少額減価償却資産の取得価額の合計額が限度とされます（措法67の5①）。

2 当該事例の考え方

当該事例は、この限度額300万円の考え方についてです。

この点、法令上は、「少額減価償却資産の取得価額の合計額が300万円を超えるときは、その取得価額の合計額のうち300万円に達するまでの少額減価償却資産の<u>取得価額</u>の合計額を限度とする」とされています。

実は、この下線部分の「取得価額」がキーワードです。すなわち、仮に「300万円に達するまでの少額減価償却資産の合計額」と規定されていれば、単純に300万円が限度額となるわけですが、「300万円に達するまでの少額減価償却資産の<u>取得価額</u>の合計額」と規定されていることから、取得価額そのものが限度額を判定する上での最小単位となるのです。

そこで、当該事例において、「300万円に達するまでの少額減価償却資産の取得価額の合計額」を順に当てはめてみると、

イ　9台分では、261万円（29万円×9台）

ロ　10台分では、290万円（29万円×10台）

ハ　11台分では、319万円（29万円×11台）

となり、11台分では300万円を超えてしまうため、最も有利な方法での適用となれば、10台分の290万円が当該特例によって損金に算入できる金額の合計額となります。

2-21 少額減価償却資産の特例の適用要件である中小企業者等の判定

Q

当社は、青色申告法人ですが、当期の中途で増資した結果、中小企業者等には該当しなくなりました。

この場合、当期において、「中小企業者等の少額減価償却資産の取得価額の損金算入の特例」（措法67の5）を適用することはできないのでしょうか。

Point

「中小企業者等の少額減価償却資産の取得価額の損金算入の特例」は、中小企業者等に限って認められている制度ですが、増資等に伴って、事業年度の中途で中小企業者等に該当しなくなったからといって、直ちにこの特例を適用できなくなるということではありません。

A

貴社が、事業年度の中途で中小企業者等に該当しなくなった場合であっても、少額減価償却資産をその該当しないこととなった日前に取得等をして、かつ事業の用に供した場合には、当該特例を適用できます。

解 説

１ 制度の概要

「中小企業者等の少額減価償却資産の取得価額の損金算入の特例」とは、青色申告書を提出するなど一定の要件を満たす中小企業者等が、平成18年4月1日から平成32年3月31日までの間に取得等をして、かつ事業の用に供した取得価額30万円未満の少額減価償却資産について、損金経理を要件として、その全額を損金の額に算入できるという制度です（措法67の5①）。

第2章 減価償却・特別償却

2 当該事例の考え方

増資等に伴って、事業年度の中途で中小企業者等に該当しなくなった場合に当該特例を適用できるか否かということですが、この点、法令上はあくまでも、中小企業者等が取得等し事業の用に供した減価償却資産を対象とする旨規定されています。

したがって、たとえ事業年度の中途で中小企業者等に該当しなくなった場合であっても、少額減価償却資産をその該当しないこととなった日前に取得等をして、かつ事業の用に供した場合には、当該特例を適用できるものと考えます。

なお、租税特別措置法関係通達においても、上記と同様の考え方が確認的に述べられています（措通67の5-1）。

租税特別措置法第67条の5第1項（中小企業者等の少額減価償却資産の取得価額の損金算入の特例）

第42条の4第3項に規定する中小企業者又は農業協同組合等で、青色申告書を提出するものが、平成18年4月1日から平成32年3月31日までの間に取得し、又は製作し、若しくは建設し、かつ、当該中小企業者等の事業の用に供した減価償却資産で、その取得価額が30万円未満であるものを有する場合において、当該少額減価償却資産の取得価額に相当する金額につき当該中小企業者等の事業の用に供した日を含む事業年度において損金経理をしたときは、その損金経理をした金額は、当該事業年度の所得の金額の計算上、損金の額に算入する。この場合において、当該中小企業者等の当該事業年度における少額減価償却資産の取得価額の合計額が300万円を超えるときは、その取得価額の合計額のうち300万円に達するまでの少額減価償却資産の取得価額の合計額を限度とする。

租税特別措置法関係通達（法人税編）67の5-1（事務負担に配慮する必要があるものであるかどうかの判定の時期）

法人が措置法第67条の5第1項に規定する「中小企業者等」に該当する法人であるかどうかは、原則として、同項に規定する少額減価償却資産の取得等をした日及び事業の用に供した日の現況により判定する。ただし、当該事業年度終了の日において同項に規定する「事務負担に配慮する必要があるものとして政令で定めるもの」に該当する法人が、当該事業年度の同項に規定する中小企業者又は農業協同組合等に該当する期間において取得等をして事業の用に供した同項に規定する少額減価償却資産を対象として同項の規定の適用を受けている場合には、これを認める。

75

2-22 資本的支出に対する 少額減価償却資産の特例の適用

Q

当社は、青色申告法人で中小企業者等に該当します。

今般、既存の建物が老朽化したことから、相当の修繕、改築等を行いました。これらの支出は、税務上、資本的支出（法令132）に該当すると考えています。

ところで、この資本的支出は、「中小企業者等の少額減価償却資産の取得価額の損金算入の特例」（措法67の5）の適用対象となるでしょうか。

Point

減価償却資産の「取得」という概念には、原則として、既に有する減価償却資産に支出される資本的支出は含まれません。

A

貴社が支出した資本的支出については、原則として、「中小企業者等の少額減価償却資産の取得価額の損金算入の特例」の適用はありません。ただし、資本的支出の内容が、実質的に新たな資産を取得したと認められるような場合には、当該特例を適用することができます。

解 説

◼ 制度の概要

「中小企業者等の少額減価償却資産の取得価額の損金算入の特例」とは、青色申告書を提出するなど一定の要件を満たす中小企業者等が、平成18年4月1日から平成32年3月31日までの間に取得等をして、かつ事業の用に供した取得価額30万円未満の少額減価償却資産について、損金経理を要件として、その全額を損金の額に算入できるという制度です（措法67の5①）。

第2章｜減価償却・特別償却

2 当該事例の考え方

　資本的支出（法令132）とは、あくまでも既に有する減価償却資産につき改良、改造等のために行った支出をいいますので、「中小企業者等の少額減価償却資産の取得価額の損金算入の特例」の要件である「取得等」には該当せず、したがって、資本的支出については、原則として当該特例の適用はありません。

　しかしながら、資本的支出の内容が、例えば、規模の拡張や単独資産としての機能の付加など、実質的に新たな資産を取得したと認められるような場合には、資本的支出についても当該特例を適用することができることとされています（措通67の5-3）。

法人税法施行令第132条（資本的支出）

　内国法人が、修理、改良その他いずれの名義をもつてするかを問わず、<u>その有する固定資産について支出する金額</u>で次に掲げる金額に該当するもの（そのいずれにも該当する場合には、いずれか多い金額）は、その内国法人のその支出する日の属する事業年度の所得の金額の計算上、損金の額に算入しない。

一　当該支出する金額のうち、その支出により、当該資産の取得の時において当該資産につき通常の管理又は修理をするものとした場合に予測される当該資産の使用可能期間を延長させる部分に対応する金額

二　当該支出する金額のうち、その支出により、当該資産の取得の時において当該資産につき通常の管理又は修理をするものとした場合に予測されるその支出の時における当該資産の価額を増加させる部分に対応する金額

租税特別措置法関係通達（法人税編）67の5-3（少額減価償却資産の取得等とされない資本的支出）

　法人が行った資本的支出については、取得価額を区分する特例である令第55条第1項《資本的支出の取得価額の特例》の規定の適用を受けて新たに取得したものとされるものであっても、法人の既に有する減価償却資産につき改良、改造等のために行った支出であることから、原則として、措置法第67条の5第1項《中小企業者等の少額減価償却資産の取得価額の損金算入の特例》に規定する「取得し、又は製作し、若しくは建設し、かつ、当該中小企業者等の事業の用に供した減価償却資産」に当たらないのであるが、<u>当該資本的支出の内容が、例えば、規模の拡張である場合や単独資産としての機能の付加である場合など、実質的に新たな資産を取得したと認められる場合には、当該資本的支出について、同項の規定を適用することができるものとする。</u>

77

2-23 主な特別償却や税額控除の概要

Q

当社は、青色申告書を提出する資本金1,000万円の中小企業者です。

今般、事業拡大に伴って、より積極的に設備投資を検討したいと考えています。

この点、税制面では、中小企業の様々な投資を促進する観点から、

① 中小企業者等の機械等を取得した場合の特別償却及び法人税額の特別控除

② 中小企業者等が特定経営力向上設備等を取得した場合の特別償却及び法人税額の特別控除

の優遇制度があると聞きました。

これらの制度について、その概要や適用要件等を教えてください。

Point

租税特別措置法において規定されている特別償却や税額控除については、その立法趣旨が特定の政策目的等にあることから、その種類も多く、たとえ同一の制度であっても適用要件等が事業年度によって相違する場合もあり、制度の内容や全体像を理解することが容易でないとの意見をよく聞きます。

そこで、租税特別措置法で規定される優遇制度の中でも、中小企業者等の方々によく利用される2つの制度について、その概要等を一覧表で整理しました。

A

次の一覧表をご参照ください。なお、特別償却等の適用対象となる資産の取得時期は、平成29年4月1日以後のものを前提としています。

第2章｜減価償却・特別償却

区分		対象設備・資産等		特別償却・税額控除の限度額	対象者 青色	対象者 その他	適用可能事業年度	取得等の意義	その他留意事項
中小企業者等の機械等	特別償却	機械及び装置	1台又は1基160万円以上	取得価額の30%	要	中小企業者等	○ 平10・6・1～31・3・31までの間に特定機械装置等を取得し、一定の対象事業の用に供した事業年度 ○ ①合併以外の解散事業年度、②清算中事業年度は、適用不可	○ 製作・建設を含む ○ 新品のみ対象 ○ 所有権移転外リース取引の場合、特別償却は対象外、税額控除は対象 ○ 貸付用は原則適用不可	○ 償却不足は1年に限り繰越可 ○ 措置法の圧縮記帳、他の特別償却との重複適用不可 ○ 特別償却準備金による積立可（7年間で均等取崩）
		測定工具及び検査器具	1台又は1基30万円以上かつ複数台計120万円以上						
		ソフトウェア	合計額70万円以上						
		車両運搬具	貨物用の車両総重量3.5t以上の普通自動車						
		船舶	内航海運業用船舶	取得価額×75％×30%					
	税額控除	特別償却と同様		取得価額（船舶は取得価額の75％）の7％（下の特定経営力向上設備等と併せて法人税額の20％を限度）		特定中小企業者等			○ 控除不足は1年に限り繰越可
特定経営力向上設備等	特別償却	機械及び装置	1台又は1基160万円以上	即時償却が可能	要	中小企業者等	○ 平29・4・1～31・3・31までの間に生産性設備を構成する経営力向上設備等のうち一定の規模のものを取得し、国内における一定の事業の用に供した事業年度 ○ ①合併以外の解散の日を含む事業年度、②清算中の事業年度は、適用不可 ○ 確定申告書に経営力向上計画の写し及び経営力向上計画に係る認定書の写しの添付が必要	○ 製作・建設を含む ○ 国内事業用のみ対象 ○ 所有権移転外リース取引の場合、特別償却は対象外、税額控除は対象 ○ 新品のみ対象	○ 償却不足は1年に限り繰越可 ○ 措置法の圧縮記帳、他の特別償却との重複適用不可 ○ 特別償却準備金による積立可（7年間で均等取崩）
		工具	1台又は1基30万円以上						
		器具及び備品							
		建物附属設備	一で60万円以上						
		ソフトウェア	一で70万円以上						
	税額控除	特別償却と同様		取得価額の7％（特定中小企業者等の場合は10％）（上の中小企業者等の機械等と併せて法人税額の20％を限度）					○ 控除不足は1年に限り繰越可

79

2-24 国外支店で取得した機械等の特別償却の適用

Q

当社は、製造業を営む資本金5,000万円の中小企業者です。現在、価格競争の激化から、国外での生産も視野に国外支店の開設を検討しています。

そこで、国外支店において機械等を直接調達し、完成した製品を本社が輸入し国内販売する場合、税務上、国外支店における機械等の取得は、租税特別措置法第42条の6第1項における「中小企業者等が機械等を取得した場合の特別償却」の適用対象となるのでしょうか。

Point

特定機械装置等を国内で取得等するか、国外で取得等するかは、当該特別償却の適否に直接的な関係がありません。

A

貴社の国外支店が直接調達する機械等の取得は、当該特別償却の適用対象となり得ます。

解説

1 制度の概要

「中小企業者等が機械等を取得した場合の特別償却」の制度とは、青色申告書を提出する中小企業者等が、平成10年6月1日から平成31年3月31日までの期間内に、一定の要件を満たす特定機械装置等で、その製作の後事業の用に供されたことのないものを取得等し、これを国内にある当該中小企業者等の指定事業の用に供した場合には、その指定事業の用に供した日を含む供用年度の当該特定機械装置等の償却限度額については、普通償却限度額と特別償却限度額（当該特定機械装置等の取得価額の30％相当額）の合計額とするというものです（措法42の6①）。

すなわち、特定機械装置等を指定事業の用に供した日を含む供用年度の減価償却費につ

第2章 減価償却・特別償却

いては、通常の普通償却だけでなく、その取得価額の30%相当額を特別償却として増額できるということです。なお、この制度は、中小企業者等が所有権移転外リース取引により取得した特定機械装置等については、適用されません（措法42の6⑧）。

2 当該事例の考え方

当該事例の問題意識は、国外支店で取得した特定機械装置等について、我が国における税法上の優遇措置を適用できるのかというものです。

この点、法令上、特定機械装置等の対象資産について、国内で取得等しなければならない旨の規定はありません。さらに、同条第1項の「国内にある」は、「当該中小企業者等」ではなく、「指定事業の用」に係っており、国内の指定事業の用に供する意義であるものと考えます。

したがって、たとえ特定機械装置等を国外で取得等した場合であっても、特定機械装置等を国内の指定事業の用に供すれば、当該特別償却を適用できるということになります。

当該事例においては、国外支店において機械等を直接調達し、完成した製品を本社が輸入して国内販売することから、国内の指定事業の用に供するものといえます。よって、国外支店が直接調達する機械等の取得等は、当該特別償却の適用対象となり得ます。

租税特別措置法第42条の6第1項（中小企業者等が機械等を取得した場合の特別償却又は法人税額の特別控除）

第42条の4第3項に規定する中小企業者又は農業協同組合等で、青色申告書を提出するものが、平成10年6月1日から平成31年3月31日までの期間内に、次に掲げる減価償却資産（第一号又は第二号に掲げる減価償却資産にあっては、政令で定める規模のものに限る。以下この条において「特定機械装置等」という。）でその製作の後事業の用に供されたことのないものを取得し、又は特定機械装置等を製作して、これを国内にある当該中小企業者等の営む製造業、建設業その他政令で定める事業の用（第四号に規定する事業を営む法人で政令で定めるもの以外の法人の貸付けの用を除く。以下この条において「指定事業の用」という。）に供した場合には、その指定事業の用に供した日を含む事業年度の当該特定機械装置等の償却限度額は、法人税法第31条第1項又は第2項の規定にかかわらず、当該特定機械装置等の普通償却限度額と特別償却限度額（当該特定機械装置等の取得価額の100分の30に相当する金額をいう。）との合計額とする。

一　機械及び装置並びに工具（工具については、製品の品質管理の向上等に資するものとして財務省令で定めるものに限る。）

81

2-25 「中小企業者等の機械等を取得した場合の特別償却」の対象となる指定事業

Q

　当社は、物品賃貸業を営む中小企業者ですが、これまで遊休状態であった土地の有効利用を図るため、そこに倉庫を建築し、徐々にではありますが、倉庫業も併せて営む予定です。

　この倉庫について、「中小企業者等の機械等を取得した場合の特別償却」（措法42の6①）を適用できるでしょうか。

Point

　当該特別償却の適用要件である指定事業とは、法人の主たる事業で判断するのではありません。

A

　貴社が建築予定である倉庫について、指定事業である倉庫業として事業の用に供する場合には、当該特別償却を適用できます。

解 説

1 制度の概要

　「中小企業者等が機械等を取得した場合の特別償却」の制度とは、青色申告書を提出する中小企業者等が、平成10年6月1日から平成31年3月31日までの期間内に、一定の要件を満たす特定機械装置等で、その製作の後事業の用に供されたことのないものを取得等し、これを国内にある当該中小企業者等の指定事業の用に供した場合には、その指定事業の用に供した日を含む供用年度の当該特定機械装置等の償却限度額については、普通償却限度額と特別償却限度額（当該特定機械装置等の取得価額の30％相当額）の合計額とするというものです（措法42の6①）。

　すなわち、当該特定機械装置等を指定事業の用に供した日を含む供用年度の減価償却費

については、通常の普通償却だけでなく、その取得価額の30％相当額を特別償却として増額できるということです。

また、当該特別償却の適用対象となる指定事業（風俗営業等や性風俗関連特殊営業に該当するものを除く。）とは、農業、林業、漁業、水産養殖業、鉱業、卸売業、道路貨物運送業、倉庫業、港湾運送業、ガス業、小売業、料理店業その他の飲食店業（料亭、バー、キャバレー、ナイトクラブ等を除く。）、一般旅客自動車運送業、海洋運輸業及び沿海運輸業、内航船舶貸渡業、旅行業、こん包業、郵便業、通信業、損害保険代理業、サービス業（物品賃貸業及び娯楽業（映画業を除く。）を除く。）とされています（措令27の6④、措規20の3⑦）。

2 当該事例の考え方

当該特別償却の適用対象となる指定事業には、上述のとおり、物品賃貸業は該当しませんが、倉庫業は該当します。

この点、指定事業に関して、租税特別措置法関係通達（法人税編）42の6─4（主たる事業でない場合の適用）では、「法人の営む事業が指定事業に該当するかどうかは、当該法人が主たる事業としてその事業を営んでいるかどうかを問わないことに留意する」と規定されています。すなわち、当該特別償却の適用対象となる指定事業に該当するかどうかは、法人の主たる事業か否かで判断するのではなく、特定機械装置等を事業の用に供する事業が指定事業に該当するか否かで判断するということです。

当該事例においては、貴社の主たる事業は物品賃貸業であって指定事業には該当しませんが、倉庫業については指定事業に該当しますので、建築した倉庫を倉庫業として事業の用に供する場合には、当該特別償却を適用できます。

> **租税特別措置法関係通達（法人税編）42の6─4（主たる事業でない場合の適用）**
>
> 法人の営む事業が指定事業に該当するかどうかは、当該法人が主たる事業としてその事業を営んでいるかどうかを問わないことに留意する。

2-26 医療法人における「中小企業者等の機械等を取得した場合の特別償却」の指定事業

Q

当社は、青色申告を行う医療法人で、中小企業者等に該当します。

今般、「中小企業者等の機械等を取得した場合の特別償却」（措法42の6①）の適用対象となる機械を取得しました。

この点、当該特別償却を適用する要件として、この機械を指定事業の用に供する必要がありますが、医療業は指定事業に含まれるのでしょうか。

Point

当該特別償却の適用要件について、日本標準産業分類における「大分類P 医療、福祉」に分類される事業は、指定事業のひとつであるサービス業に含まれます。

A

医療業は当該特別償却の適用対象となる指定事業に該当します。

解 説

1 制度の概要

「中小企業者等が機械等を取得した場合の特別償却」の制度とは、青色申告書を提出する中小企業者等が、平成10年6月1日から平成31年3月31日までの期間内に、一定の要件を満たす特定機械装置等で、その製作の後事業の用に供されたことのないものを取得等し、これを国内にある当該中小企業者等の指定事業の用に供した場合には、その指定事業の用に供した日を含む供用年度の当該特定機械装置等の償却限度額については、普通償却限度額と特別償却限度額（当該特定機械装置等の取得価額の30％相当額）の合計額とするというものです（措法42の6①）。

すなわち、特定機械装置等を指定事業の用に供した日を含む供用年度の減価償却費については、通常の普通償却だけでなく、その取得価額の30％相当額を特別償却として増額で

第2章　減価償却・特別償却

きるということです。

　また、当該特別償却の適用対象となる指定事業（風俗営業等や性風俗関連特殊営業に該当するものを除く。）は、農業、林業、漁業、水産養殖業、鉱業、卸売業、道路貨物運送業、倉庫業、港湾運送業、ガス業、小売業、料理店業その他の飲食店業（料亭、バー、キャバレー、ナイトクラブ等を除く。）、一般旅客自動車運送業、海洋運輸業及び沿海運輸業、内航船舶貸渡業、旅行業、こん包業、郵便業、通信業、損害保険代理業、サービス業（物品賃貸業及び娯楽業（映画業を除く。）を除く。）とされています（措令27の6④、措規20の3⑦）。

2 当該事例の考え方

　当該特別償却の適用対象となる指定事業のうち、サービス業に関しては、租税特別措置法関係通達第42の6-5（事業の判定）の（注）において、日本標準産業分類の「大分類P医療、福祉」に分類される事業も該当する旨規定されています。

　したがって、日本標準産業分類の「大分類P医療、福祉」に含まれる医療業は、租税特別措置法第42条の6の適用上、「サービス業」に含まれることとなり、当該特別償却の適用対象となる指定事業に該当するということになります。

> **租税特別措置法関係通達（法人税編）42の6-5（事業の判定）**
>
> 　法人の営む事業が指定事業に該当するかどうかは、おおむね日本標準産業分類（総務省）の分類を基準として判定する。
> （注）1　（省略）
> 　　　2　措置法規則第20条の3第5項第11号に掲げる「サービス業」については、日本標準産業分類の「大分類G情報通信業」（通信業を除く。）、「小分類693駐車場業」、「大分類L学術研究、専門・技術サービス業」、「中分類75宿泊業」、「中分類78洗濯・理容・美容・浴場業」、「中分類79その他の生活関連サービス業」（旅行業を除く。）、「大分類O教育、学習支援業」、「大分類P医療、福祉」、「中分類87協同組合（他に分類されないもの）」及び「大分類Rサービス業（他に分類されないもの）」に分類する事業が該当する。

2-27 「中小企業者等の機械等を取得した場合の特別償却」の対象となる車両及び運搬具

Q

当社は、青色申告を行う中小企業者であり、本社以外に大規模な工場を有しています。

今般、工場内の物資等の運搬だけを目的として工場内専用の自動車を数台取得しましたが、この自動車は、「中小企業者等の機械等を取得した場合の特別償却」（措法42の6①）の適用対象となるのでしょうか。

なお、この自動車は工場内専用であるため、自動車検査証の取得はありません。

Point

当該特別償却の適用対象となる車両及び運搬具は、少なくとも自動車検査証を有していることが前提となります。

A

貴社が取得した工場内専用の自動車は、当該特別償却の適用対象とはなりません。

解説

1 制度の概要

「中小企業者等が機械等を取得した場合の特別償却」の制度とは、青色申告書を提出する中小企業者等が、平成10年6月1日から平成31年3月31日までの期間内に、一定の要件を満たす特定機械装置等で、その製作の後事業の用に供されたことのないものを取得等し、これを国内にある当該中小企業者等の指定事業の用に供した場合には、その指定事業の用に供した日を含む供用年度の当該特定機械装置等の償却限度額については、普通償却限度額と特別償却限度額（当該特定機械装置等の取得価額の30％相当額）の合計額とするというものです（措法42の6①）。

第2章｜減価償却・特別償却

すなわち、当該特定機械装置等を指定事業の用に供した日を含む供用年度の減価償却費については、通常の普通償却だけでなく、その取得価額の30％相当額を特別償却として増額できるということです。

❷ 当該事例の考え方

当該特別償却の適用対象となる「車両及び運搬具」とは、道路運送車両法施行規則別表第一に規定する普通自動車で、貨物の運送の用に供されるもののうち車両総重量（道路運送車両法第40条第3号に規定する車両総重量をいう。）が3.5トン以上のものをいいます（措法42の6①三、措規20の3④）。

この点、「貨物の運送の用に供されるもの」とは、具体的には、

①　自動車の登録及び検査に関する申請書等の様式等を定める省令第4条第1項第6号に掲げる自動車検査証（いわゆる車検証）の「最大積載量」欄に記載があること

②　実際にその自動車を貨物の運送の用に供していること

の2点を満たす自動車が該当することとされています（国税庁ホームページ質疑応答事例「租税特別措置法第42条の6の対象となる車両運搬具の範囲について」）。

すなわち、車両及び運搬具のうち、当該特別償却の適用対象となる「貨物の運送の用に供されるもの」か否かの判断に当たっては、上記①のとおり、少なくとも自動車検査証を有していることが前提となります。

以上、貴社が取得した工場内専用の自動車は、自動車検査証の取得がないとのことですので、当該特別償却の適用対象とはなりません。

租税特別措置法施行規則第20条の3第4項（中小企業者等が機械等を取得した場合の特別償却又は法人税額の特別控除）

法第42条の6第1項第三号に規定する財務省令で定めるものは、道路運送車両法施行規則別表第一に規定する普通自動車で貨物の運送の用に供されるもののうち車両総重量（道路運送車両法第40条第三号に規定する車両総重量をいう。）が3.5トン以上のものとする。

87

2-28 医療法人が取得した電子カルテ

Q

当法人は、青色申告を行う医療法人です。

今般、事務管理部において、新たに電子カルテを550万円で導入しましたが、この電子カルテについて、「医療用機器の特別償却」（措法45の2①）を適用できますか。また、電子カルテの法定耐用年数は、何年と考えたらいいですか。

Point

電子カルテは、医療の現場で使用されるものではありますが、当該特別償却の適用対象となる医療用機器には含まれません。

A

電子カルテについては、当該特別償却を適用することはできません。

また、電子カルテの法定耐用年数は、5年となります。

解説

1 制度の概要

近年、医療業界においては、事務処理の効率化を図る観点から、電子カルテを導入する病院等が増加傾向にあります。これを背景として、医療法人が電子カルテを取得した場合に、税務上の特典である「医療用機器の特別償却」を適用できるか否かといった相談も多くなっています。

この「医療用機器の特別償却」とは、青色申告を行う医療保健業を営む法人が、昭和54年4月1日から平成31年3月31日までの間に、一定の要件を満たす医療用機器で、その製作の後事業の用に供されたことのないものを取得等し、これを当該法人の営む医療保健業の用に供した場合に、その用に供した日を含む事業年度の償却限度額を当該医療用機器の

第2章 減価償却・特別償却

普通償却限度額と特別償却限度額（当該医療用機器の取得価額の12％相当額）との合計額とするというものです（措法45の2①）。すなわち、当該医療用機器を医療保健業の用に供した日を含む事業年度の減価償却費については、通常の普通償却だけでなく、その取得価額の12％相当額を特別償却として増額できるということです。

　なお、所有権移転外リース取引により取得した医療用機器については、当該特別償却の適用対象外とされています（措法45の2①かっこ書き）。

　また、当該特別償却の対象となる医療用機器とは、具体的には、次の①及び②に該当するものをいいます（措令28の10）。

① 　一台又は一基（通常一組又は一式をもって取引の単位とされるものは、一組又は一式）の取得価額が500万円以上の医療用の機械及び装置並びに器具及び備品。

② 　医療用の機械及び装置並びに器具及び備品のうち高度な医療の提供に資するものとして厚生労働大臣が財務大臣と協議して指定し告示されているもの、または、高度管理医療機器等に該当する一般医療機器のうち厚生労働大臣が指定した日の翌日から2年を経過していないもの（平21厚生労働省告示第248号、平29厚生労働省告示第167号）。

2 当該事例の考え方

　電子カルテは、**1** ②の厚生労働省告示に掲載されておらず、また、医療用の機械及び装置並びに器具及び備品ともいえないことから、当該特別償却を適用することはできないものと考えます。一方で、電子カルテについては、「中小企業者等が機械等を取得した場合の特別償却」（措法42の6）の制度を適用できる場合があり得ます。

　次に、電子カルテの法定耐用年数についてですが、一般的には、減価償却資産の耐用年数等に関する省令別表第一における「器具及び備品」・「8医療機器」・「その他のもの」・「その他のもの」に該当し、5年となります（耐通2-7-13）。ただし、電子カルテのうち、ソフトウェアと認められる部分については、無形固定資産として、法定耐用年数は5年となります（耐用年数省令別表第三）。

参 考

　当該特別償却の適用対象事業である「医療保健業」には、「獣医業」も含まれます（国税庁ホームページ文書回答事例「医療用機器等の特別償却（措法45の2）の適用対象事業である「医療保健業」の範囲について（照会）」）。

2-29 ファイナンスリース取引への税務上の優遇措置の適用

Q

当社は製造業を営む法人ですが、当事業年度において、大型機械をリースすることとしました。当該リース取引は、税務上、所有権移転外のファイナンスリース取引に該当します。

このファイナンスリース取引で取得した資産に係る圧縮記帳や特別償却等の適用関係について教えてください。

Point

所有権移転外リース取引で取得した資産については、原則として、圧縮記帳や特別償却等の税務上の優遇措置を適用できません。

A

ファイナンスリース取引における税務上の主な優遇措置の適用関係は、原則として次のとおりです。

（○適用可、×適用不可）

税 務 上 の 優 遇 措 置	所有権移転リース取引	所有権移転外リース取引
圧 縮 記 帳 関 係（法法、措法）	○	
少額の減価償却資産の取得価額の 損 金 算 入（法令133）		×
一 括 償 却 資 産 の 損 金 算 入（法令133の2）		
中小企業者等の少額減価償却資産の取得価額の損金算入の特例（措法67の5）		○
特別償却及び税額控除関係（措法）		×
うち、中小企業者等による特別控除		○

90

第2章│減価償却・特別償却

解 説

1 制度の概要

　ファイナンスリース取引とは、リース取引のうち、いわゆる「ノンキャンセラブル及び
フルペイアウト」の要件に該当するものをいいます（法法64の2③、法令131の2）。

　ファイナンスリース取引は、税務上、リース資産を賃貸人から賃借人へ引渡しのあった
時点で、売買があったものとして取り扱うこととされています（法法64の2①）。この背
景には、賃借人からみれば、法的にはリース物件を賃借してリース料を支払うという形式
をとっているものの、その経済的な実質はリース物件を購入した後にその代金をリース料
として長期分割払いしている、すなわち、リース物件の割賦購入と考える実質優先主義が
あります。

　また、ファイナンスリース取引は、所有権移転条項や割安購入選択権が付加されている
などの「所有権移転リース取引」とそれ以外の「所有権移転外リース取引」に区分されま
す（法令48の2⑤五）。

2 当該事例の考え方

　税務上、売買があったものとされるファイナンスリース取引であっても、「所有権移転
リース取引」と「所有権移転外リース取引」では、圧縮記帳や特別償却等の優遇措置を適
用できるかどうかといった点で相違が見られます。

　すなわち、圧縮記帳や特別償却等の税務上の優遇措置については、所有権移転リース取
引で取得した資産であれば、原則として適用できますが、所有権移転外リース取引で取得
した資産の場合には、原則として適用できないこととされています。

　このように、所有権移転外リース取引に税務上の優遇措置が認められていないのは、実
質的に所有権が賃借人に移転されない資産についてまで、投資の促進や重要性の原則など
といった趣旨から設けられている各種優遇措置を適用させることが妥当ではないと考える
ためです。

91

第3章

役員給与等

3-1 使用人兼務役員の範囲

Q

　当社では、来年度より当社の機構を見直し、総務部及び経営企画部の部長職を取締役として兼務させることとしました。

　これらの者については、税務上、使用人兼務役員になれると聞きましたが、この使用人兼務役員となった場合に、使用人兼務役員以外の役員と比して、具体的にどのようなメリットがあるのでしょうか。

Point

　法人税法上、使用人兼務役員を設ける趣旨は、原則損金不算入とされる役員給与の中で、損金に算入できる給与があることを明確にするためです。

A

　使用人兼務役員については、使用人兼務役員以外の役員と比して、使用人兼務役員の使用人部分の給与に対して役員給与に関する様々な制限規定が適用されないなどのメリットがあります。

解 説

1 使用人兼務役員の意義

　使用人兼務役員とは、社長、専務など特定の役員を除く役員の地位と、使用人としての職制上の地位とを併せ持っている者のうち、常時使用人としての職務に従事している者をいいます（法法34①⑤、法令70、71）。

　すなわち、使用人兼務役員の名称のとおり、単に使用人と役員を兼務しているということではなく、職務としては常時使用人として従事している中で、いわばポストとして役員としての地位も与えられた者というようなイメージとなります。

94

2 税務上の取扱い

使用人兼務役員を法人税法上で規定する趣旨、すなわち使用人兼務役員特有の取扱いとしては、主に次の3点を指摘できます。

① 使用人としての職務に対する給与は、税務上の役員給与には該当しないため、定期同額給与（法法34①一、法令69①）や事前確定届出給与（法法34①二、法令69②）など、法人税法における役員給与に関する様々な制限規定が適用されない。

② 使用人分の給与について、定款等で役員給与に含めない旨定めている場合には、過大役員給与の損金不算入の規定（法法34②、法令70一）に係る形式基準の判定に当たっては、使用人分給与を除いて判定できる。

③ 使用人兼務役員の使用人としての職務に対する賞与のうち、他の使用人に対する賞与の支給時期と異なる時期に支給したものは、損金の額に算入されない（法令70三）。

参考

法人の役員のうち、使用人兼務役員になれる者となれない者を整理すると、次の図のようになります。

なお、使用人兼務役員になれない者を外側の薄いグレーの円で表記しています。

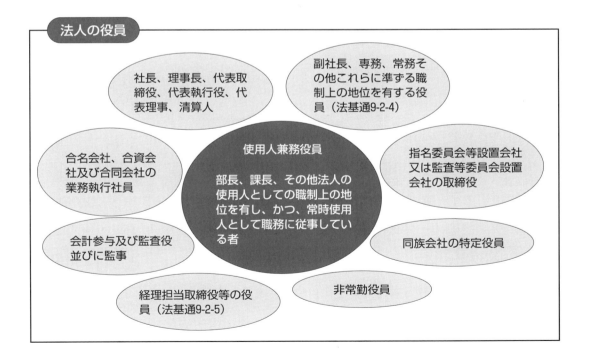

3-2 通常改定を2回行った場合の定期同額給与

Q

当社（3月末決算）は、1人株主で当該株主が代表者である、いわゆるオーナー会社です。

今般、次のように役員給与を2回改定しましたが、これらの給与改定は、税務上の定期同額給与として認められるでしょうか。

〈1回目〉 4月20日開催の総会で給与改定（5月25日支給分から）
〈2回目〉 5月20日開催の総会で給与改定（6月25日支給分から）

なお、上記の給与改定は、臨時改定事由や業績悪化改定事由によるものではありません。

Point

事業年度開始の日の属する会計期間開始の日から3か月を経過する日までにされた定期給与の額の改定について、仮に複数回の改定を行ったとしても、これをもって定期同額給与の要件を満たさなくなるということはありません。

ただし、役員に対する複数回の給与改定については、適正公平な課税の実現を図る観点から、別途、「同族会社等の行為又は計算の否認」の規定（法法132）や「過大役員給与の損金不算入」の規定（法法34②）により税務上疑義となるようなケースもあり得るものと考えます。

A

貴社のオーナーに対する役員給与が、総会で決議された金額どおりに支給されていれば、税務上の定期同額給与としてその全額を損金に算入できます。

第3章 役員給与等

解 説

1 制度の概要

役員給与に関する税務上の取扱いを検討するに当たって、大前提として認識しておかなければならないことは、法人税法上、役員給与は原則として損金不算入の位置付けであるということです（法法34①）。つまり、法人税法は、役員給与を原則損金不算入とした上で、定期同額給与や事前確定届出給与など一定の要件に該当するもののみを損金と認める、そのような仕組みとしています。

この点、役員給与のうち、支給時期が1か月以下の一定の期間ごとで、事業年度の各支給時期における支給額が同額であるものは、損金不算入の対象から除かれています。これを「定期同額給与」といいますが、この定期同額給与には、これ以外に次の①～③の給与改定がされたものも含まれます（法法34①一、法令69①）。また、①～③の給与改定については、当該事業年度開始の日又は給与改定前の最後の支給時期の翌日から給与改定後の最初の支給時期の前日又は当該事業年度終了の日までの間の各支給時期における支給額が同額であることが要件とされています（法令69①一）。

---

① 事業年度開始の日の属する会計期間開始の日から3か月を経過する日までにされた定期給与の額の改定（いわゆる通常改定）
② 臨時改定事由（役員の職制上の地位の変更、その役員の職務の内容の重大な変更その他これらに類するやむを得ない事情）による定期給与の額の改定
③ 業績悪化改定事由（経営の状況が著しく悪化したことその他これに類する理由）による定期給与の額の減額改定

なお、平成29年度税制改正により、定期給与の各支給時期における支給額から源泉所得税や社会保険料等の額を控除した金額が同額である場合には、その定期給与の各支給時期における支給額は同額であるものとみなされることとされました（法令69②）。

2 当該事例の考え方

当該事例においては、**1**①における通常改定として給与改定が2回行われたとのことですが、定期同額給与を定める法令上、給与改定の回数そのものに制限を加える規定はありません。

したがって、貴社のオーナーに対する役員給与が、法人税法施行令第69条第1項第一号に定める各支給期間ごとに、具体的には、

97

イ　4月25日支給分が、改定前の金額で支給

ロ　5月25日支給分が、4月20日開催の総会で改定された金額で支給

ハ　6月25日〜翌年3月25日支給分の10回分が、5月20日開催の総会で改定された金額で
　支給

されていた場合には、税務上の定期同額給与としてその全額を損金に算入できることとなります。

　なお、ここで留意していただきたいことは、複数回の給与改定が、たとえ定期同額給与の要件を満たしたとしても、法人税法には、この定期同額給与以外に役員給与を制限する規定が別途用意されているという点です。例えば、「同族会社等の行為又は計算の否認」の規定（法法132）や「過大役員給与の損金不算入」の規定（法法34②）などです。適正公平な課税の実現を図る観点から、これらの規定によって、複数回の給与改定について税務上疑義となるようなケースもあり得るものと考えます。

法人税法第34条第1項（役員給与の損金不算入）

　内国法人がその役員に対して支給する給与のうち<u>次に掲げる給与のいずれにも該当しないものの額は、その内国法人の各事業年度の所得の金額の計算上、損金の額に算入しない。</u>

法人税法施行令第69条第1項第一号（定期同額給与の範囲等）

　法第34条第1項第一号（役員給与の損金不算入）に規定する政令で定める給与は、次に掲げる給与とする。

一　法第34条第1項第一号に規定する定期給与で、次に掲げる改定がされた場合における<u>当該事業年度開始の日又は給与改定前の最後の支給時期の翌日から給与改定後の最初の支給時期の前日又は当該事業年度終了の日までの間の各支給時期における支給額が同額であるもの</u>

3-3 役員に対する経済的利益

Q

当社では、今般、法人契約で役員のみを対象にした生命保険に加入しました。保険会社の説明では、当社が負担した保険料については、税務上、役員に対する経済的利益とみなされるようです。
そこで質問ですが、この役員に対する経済的利益については、法人税法上、定期同額給与として、損金に算入できるのでしょうか。なお、生命保険には当期の中途で契約し、保険料については向こう1年分を年払いしています。

Point

役員に対する経済的利益を定期同額給与として損金に算入するに当たっては、定期給与のように、各支給時期における支給額が同額でなければならないといった要件はありません。

A

貴社の役員に対する経済的利益については、以後、継続的に供与され、かつその供与される金額がおおむね一定であれば、法人税法上、定期同額給与として損金に算入できます。

ただし、経済的利益である保険料を期中に年払いしていますので、支払った保険料のうち当期において損金に算入できるのは、あくまでも当期に帰属する部分のみとなります。

解 説

1 制度の概要

法人税法上の役員給与には、本来の給与として支給されるもの以外に、経済的利益の供与も含まれます（法法34④、法基通9-2-9）。これは、経済的利益の供与が、実質的に給与を支給したことと同様の経済的効果を有するためです。

また、役員に対する経済的利益については、定期給与のように、各支給時期における支

給額が同額でなけらばならないわけではなく、継続的に供与され、かつその供与される利益の額が毎月おおむね一定であれば、定期同額給与として損金に算入できることとされています（法令69①二、法基通9-2-11）。

2 当該事例の考え方

　当該事例においては、特定の役員のみを対象として貴社が保険料を負担したものであって、税務上、その負担額の全額が役員に対する経済的利益の供与とみなされます。この経済的利益については、上述のとおり、定期給与である必要はありませんので、たとえ期中に生じたものとしても、以後、継続的に供与され、かつその供与される利益の額が毎月おおむね一定であれば、定期同額給与として損金に算入できます。

　ただし、経済的利益とされる保険料について、貴社は期中に向こう1年分を年払いしていますので、当期において損金に算入できるのは、月数按分により算定した当期に帰属する部分のみとなります。

　なお、適正公平な課税の実現を図る観点から、経済的利益の供与に問題があると認められる場合には、別途、「同族会社等の行為又は計算の否認」の規定（法法132）や「過大役員給与の損金不算入」の規定（法法34②）により税務上疑義となるようなケースもあり得るものと考えます。

法人税法第34条（役員給与の損金不算入）

1　内国法人がその役員に対して支給する給与のうち次に掲げる給与のいずれにも該当しないものの額は、その内国法人の各事業年度の所得の金額の計算上、損金の額に算入しない。
　一　その支給時期が1月以下の一定の期間ごとである給与（次号イにおいて「定期給与」という。）で当該事業年度の各支給時期における支給額が同額であるものその他これに準ずるものとして政令で定める給与（同号において「定期同額給与」という。）
（中略）
2　内国法人がその役員に対して支給する給与（前項又は次項の規定の適用があるものを除く。）の額のうち不相当に高額な部分の金額として政令で定める金額は、その内国法人の各事業年度の所得の金額の計算上、損金の額に算入しない。
<u>4　前三項に規定する給与には、債務の免除による利益その他の経済的な利益を含むものとする。</u>

第3章 役員給与等

法人税法施行令第69条第１項（定期同額給与の範囲等）

法第34条第１項第一号（役員給与の損金不算入）に規定する政令で定める給与は、次に掲げる給与とする。

一 法第34条第１項第一号に規定する定期給与（以下第６項までにおいて「定期給与」という。）で、次に掲げる改定（以下この号において「給与改定」という。）がされた場合における当該事業年度開始の日又は給与改定前の最後の支給時期の翌日から給与改定後の最初の支給時期の前日又は当該事業年度終了の日までの間の各支給時期における支給額が同額であるもの

二 継続的に供与される経済的な利益のうち、その供与される利益の額が毎月おおむね一定であるもの

法人税法第132条第１項（同族会社等の行為又は計算の否認）

税務署長は、次に掲げる法人に係る法人税につき更正又は決定をする場合において、その法人の行為又は計算で、これを容認した場合には法人税の負担を不当に減少させる結果となると認められるものがあるときは、その行為又は計算にかかわらず、税務署長の認めるところにより、その法人に係る法人税の課税標準若しくは欠損金額又は法人税の額を計算することができる。

一 内国法人である同族会社

二 イからハまでのいずれにも該当する内国法人

イ 三以上の支店、工場その他の事業所を有すること。

ロ その事業所の２分の１以上に当たる事業所につき、その事業所の所長、主任その他のその事業所に係る事業の主宰者又は当該主宰者の親族その他の当該主宰者と政令で定める特殊の関係のある個人（以下この号において「所長等」という。）が前に当該事業所において個人として事業を営んでいた事実があること。

ハ ロに規定する事実がある事業所の所長等の有するその内国法人の株式又は出資の数又は金額の合計額がその内国法人の発行済株式又は出資（その内国法人が有する自己の株式又は出資を除く。）の総数又は総額の３分の２以上に相当すること。

101

3-4 定期同額給与の一部を未払計上した場合

Q

　当社は3月決算の法人です。当期における代表取締役に対する給与について、昨年4月から本年2月までは毎月500千円を支給しましたが、本年3月については、一時的な資金繰りの都合により300千円のみ支給し、残額の200千円は未払計上しました。この未払計上した200千円については、翌期以降に支給したいと考えています。

　この場合、当期において、定期同額給与として損金に算入できる金額は、

① 　月500千円×12か月＝6,000千円
② 　月300千円×12か月＝3,600千円
③ 　月500千円×11か月＋月300千円×1か月＝5,800千円

のいずれになるのでしょうか。

Point

　役員給与の一部を未払計上した場合、当該未払計上額は、法人税法上、定期同額給与を支給したことにはなりません。

A

　貴社において、法人税法上、定期同額給与と認められるのは、月300千円の部分となりますので、当期において損金に算入できる金額は、②の月300千円×12か月＝3,600千円となります。

解説

1 制度の概要

　役員給与は、法人税法上、原則として損金不算入とされています（法法34①）。

　ただし、役員給与のうち、支給時期が1か月以下の一定の期間ごとで、事業年度の各支給時期における支給額が同額であるものは、「定期同額給与」とされ、損金不算入の対象

第 3 章 | 役員給与等

から除かれています（法法34①一、法令69①）。

2 当該事例の考え方

　定期同額給与は、上述のとおり、あくまでも役員に対して実際に「支給」されることが前提であって、役員給与の一部を未払計上した場合には役員給与を支給したことにはなりませんので、法人税法上、当該未払計上額は定期同額給与とは認められません。

　したがって、貴社において定期同額給与と認められるのは、月300千円の部分となりますので、当期において損金に算入できる金額は、②の月300千円×12か月＝3,600千円となります。

　なお、当期の確定した決算において、役員給与として6,000千円を費用に計上した場合には、法人税申告書の別表4において、役員給与の損金不算入として2,400千円（月（500−300）千円×12か月）を加算することとなります。

法人税法第34条第1項（役員給与の損金不算入）

　内国法人がその役員に対して支給する給与のうち次に掲げる給与のいずれにも該当しないものの額は、その内国法人の各事業年度の所得の金額の計算上、損金の額に算入しない。
一　その支給時期が1月以下の一定の期間ごとである給与で当該事業年度の各支給時期における支給額が同額であるものその他これに準ずるものとして政令で定める給与

法人税法施行令第67条第1項（定期同額給与の範囲等）

　法第34条第1項第一号（役員給与の損金不算入）に規定する政令で定める給与は、次に掲げる給与とする。
一　法第34条第1項第一号に規定する定期給与で、次に掲げる改定がされた場合における当該事業年度開始の日又は給与改定前の最後の支給時期の翌日から給与改定後の最初の支給時期の前日又は当該事業年度終了の日までの間の各支給時期における支給額が同額であるもの

3-5 届出書に記載した支給時期と異なる時期に支給した事前確定届出給与

Q

当社では、役員に対する賞与、すなわち、税務上の事前確定届出給与について、提出期限内に所轄税務署長へ「事前確定届出給与に関する届出書」を提出していたのですが、資金繰りのため、届出書に記載した支給年月日の2日後に賞与を支給しました。

このように事前確定届出給与の支給時期が届出書と相違した場合には、事前確定届出給与として損金に算入できるのでしょうか。

Point

所轄税務署長へ提出した「事前確定届出給与に関する届出書」の「支給時期（年月日）」と異なる支給時期（年月日）に事前確定届出給与を支給した場合には、所定の時期に確定額を支給する旨の定めに基づいて支給された給与とはいえないため、損金の額に算入できません。

A

貴社が支給した事前確定届出給与は損金の額に算入できません。

解説

1 制度の概要

役員給与は、法人税法上、原則として損金不算入（法法34①）とされていますが、事前確定届出給与については、損金の額に算入できることとされています。

この事前確定届出給与とは、その役員の職務につき所定の時期に確定額を支給する旨の定めに基づいて支給する給与で、届出期限までに所轄税務署長にその定めの内容に関する届出をしているものをいいます（法法34①二、法令69④）。

なお、事前確定届出給与の届出事項は、法人税法施行規則第22条の3第1項に列挙され

ており、そのひとつに「事前確定届出給与の支給時期並びに各支給時期における支給額」が規定されています（同項第三号）。

また、国税庁では、届出様式として「事前確定届出給与に関する届出書」を別途定めており、その中で、支給時期については、「付表1　事前確定届出給与等の状況」の「支給時期（年月日）」欄で具体的な支給年月日を記載することになっています（次ページ参照）。

2 当該事例の考え方

事前確定届出給与について、法人税基本通達9-2-14では、所轄税務署長へ届け出た事前確定届出給与の支給額と実際の支給額が異なる場合には、原則として、その支給額の全額が損金不算入となる旨規定しています。これは、事前確定届出給与の支給額が相違するということは、もはや所定の時期に確定額を支給する旨の定めに基づいて支給された給与とはいえないからです。

このように、役員に対する賞与について、税務上、事前確定届出給与として損金の額に算入するためには、あらかじめ所轄税務署長へ届け出た「事前確定届出給与に関する届出書」の内容に基づき支給しなければならず、事前確定届出給与の支給時期（年月日）が相違する場合には、上述の支給額が相違する場合と同様に、所定の時期に確定額を支給する旨の定めに基づいて支給された給与とはいえないものと考えます。

したがって、事前確定届出給与を「事前確定届出給与に関する届出書」に記載した「支給時期（年月日）」の2日後に支給した場合には、その支給額の全額が損金不算入となります。

参　考

事前確定届出給与について、税務上、留意すべき主なポイントは次の4点です。

① 使用人兼務役員に対して役員部分の事前確定届出給与を支給する場合には、届出が必要です。

② 事前確定届出給与を支給する場合には、各事業年度ごとに届出が必要です。

③ 同族会社以外の法人（例えば、医療法人、協同組合、一般社団法人など）が、定期給与を支給しない役員に対して支給する事前確定届出給与については、届出が不要です。

④ 所轄税務署長に届け出た届出書の内容と異なる場合には、原則として支給した事前確定届出給与の全額が損金不算入となります。

付表1　事前確定届出給与等の状況（金銭交付用）の様式

付表　1　（事前確定届出給与等の状況（金銭交付用））　No. [　　　]

事前確定届出給与対象者の氏名（役職名）	（　　　　　　　　　　　　　　　　　　）
事前確定届出給与に係る職務の執行の開始の日 （　職　務　執　行　期　間　）	平成　　　年　　　月　　　日 （平成　　年　　月　　日　～　平成　　年　　月　　日）
当　該　（　連　結　）　事　業　年　度	平成　　年　　月　　日　～　平成　　年　　月　　日
職務執行期間開始の日の属する会計期間	平成　　年　　月　　日　～　平成　　年　　月　　日

事前確定届出給与に関する事項	職務執行期間開始の日の属する会計期間	区　分	支給時期（年月日）	支給額（円）	事前確定届出給与以外の給与に関する事項	金銭による給与（業績連動給与を除く）	職務執行期間開始の日の属する会計期間	支給時期（年月日）	支給額（円）
		届出額	・　・					・　・	
								・　・	
		支給額	・　・					・　・	
		今回の届出額	・　・					・　・	
		今回の届出額	・　・					・　・	
		今回の届出額	・　・					・　・	
		今回の届出額	・　・					・　・	
	翌会計期間以後	今回の届出額	・　・				翌会計期間以後	・　・	
		今回の届出額	・　・					・　・	
		今回の届出額	・　・					・　・	
		今回の届出額	・　・					・　・	

業　績　連　動　給　与　又　は　金　銭　以　外　の　資　産 に　よ　る　給　与　の　支　給　時　期　及　び　概　要

29.06改正

3-6 みなし役員に係る事前確定届出給与の届出

Q 当社では、前代表取締役であった私の父が、取締役ではない相談役として、いまでも会社経営に参画しており、相談役は、税務上の「みなし役員」に該当します。当期は業績がかなり好調であったことから、翌期において、相談役に対して賞与を支給したいと考えています。相談役に対して賞与を支給する場合には、「事前確定届出給与に関する届出書」の届出が必要なのでしょうか。

Point

「みなし役員」は、法人税法上、役員とみなすということであるため、役員給与等に関する様々な制限規定の適用に当たっては、「過大役員給与の損金不算入」の形式基準の判定（法法34②、法令70一ロ）を除いて、会社法上の役員と同様に取り扱われます。

A

貴社の相談役は税務上のみなし役員に該当しますので、事前確定届出給与として役員給与を支給する場合には、「事前確定届出給与に関する届出書」の届出が必要です。

解 説

1 制度の概要

みなし役員とは、法人の取締役、執行役、会計参与、監査役、理事、監事及び清算人並びにこれら以外の者で法人の経営に従事している者のうち、

① 法人の使用人（職制上使用人としての地位のみを有する者に限る）以外の者
② 同族会社の使用人のうち、いわゆる特定株主となる者（法令71①五イ～ハまでの規定中「役員」とあるのを「使用人」と読み替えた場合に、同号イ～ハまでに掲げる要件の

すべてを満たしている者）

をいいます（法法2十五、法令7）。

　また、①の法人の使用人以外の者で法人の経営に従事している者には、相談役や顧問などその法人内における地位、その行う職務等からみて他の役員と同様に実質的に法人の経営に従事していると認められる者が含まれます（法基通9-2-1）。

　このように、会社法上の役員でない者を、法人税法上、役員とみなす旨規定を置いたのは、適正公平な課税の実現を図る観点から、実質的に会社法上の役員と同様の立場にある者に対しても、役員給与等に関する様々な制限規定を適用させる、いわば課税逃れのための隠れ蓑をつくらせないためです。

２ 当該事例の考え方

　❶で述べたように、法人税法上の役員にはみなし役員も含まれることから、みなし役員に対する給与は、税務上、役員給与となります。したがって、みなし役員である相談役に対して、事前確定届出給与として役員給与を支給する場合には、他の役員と同様に、届出期限までに所轄税務署長に対して「事前確定届出給与に関する届出書」の届出が必要です。

法人税法第2条（定義）

十五　役員　法人の取締役、執行役、会計参与、監査役、理事、監事及び清算人並びにこれら以外の者で法人の経営に従事している者のうち政令で定めるものをいう。

法人税法施行令第7条（役員の範囲）

　法第2条第十五号（役員の意義）に規定する政令で定める者は、次に掲げる者とする。
一　法人の使用人（職制上使用人としての地位のみを有する者に限る。次号において同じ。）以外の者でその法人の経営に従事しているもの

法人税基本通達9-2-1（役員の範囲）

　令第7条第1号《役員の範囲》に規定する「使用人以外の者でその法人の経営に従事しているもの」には、相談役、顧問その他これらに類する者でその法人内における地位、その行う職務等からみて他の役員と同様に実質的に法人の経営に従事していると認められるものが含まれることに留意する。

3-7 役員退職給与の損金算入時期

Q

当社では、平成31年3月末日をもって代表権のある取締役会長が退任します。

取締役会長の退任に当たっては、当社への長年の貢献に鑑み、役員退職給与規程に基づく一定の退職給与を支給する予定ですが、この退職給与が、税務上、損金に算入できる時期は、次のうちいずれと考えるべきでしょうか。

① 取締役会長の退任が株主総会等で承認された日
② 取締役会長の退職給与の金額が確定した日
③ 取締役会長の退任日
④ 取締役会長に退職給与（金額確定分）を支給した日

なお、この退職給与は、業績連動給与には該当せず、また、税務上、不相当に高額な部分と認められるような金額はありません。

Point

役員退職給与の損金算入時期は、税務上、その金額が具体的に確定した日とされています。したがって、例えば、退職給与の金額が確定していないにもかかわらず退職給与を未払経理した場合には、損金に算入されませんし、逆に、確定した退職給与の金額を仮払経理により支給した場合には、申告調整により損金に算入できます。

A

貴社の取締役会長に対する役員退職給与について、税務上損金に算入できる時期は、②の「取締役会長の退職給与の金額が確定した日」となります。なお、損金経理を要件として、④の「取締役会長に退職給与（金額確定分）を支給した日」に損金に算入することもできます。

解 説

1 制度の概要

　役員退職給与とは、税務上、役員の「退職」という事実により支払われる一切の給与をいいます。したがって、例えば、役員退職給与が退職給与規程に基づいて支給されたものかどうかや、その支払いの名称等がどうなっていたかなどを問うことなく、役員の退職という事実により支払われていれば、原則としてその全てが役員退職給与となります。

　また、役員退職給与のうち、次のものは、損金の額に算入されません（法法34①②③）。

イ　平成29年10月1日以後に支給に係る決議をする業績連動給与（法法34⑤）に該当するもので、業績連動給与の損金算入の要件を満たさないもの。

ロ　不相当に高額な部分の金額。

ハ　事実を隠蔽し、又は仮装して経理することにより支給するもの。

　なお、役員退職給与を損金に算入する時期については、法人税基本通達9-2-28において、株主総会の決議等により役員退職給与の額が具体的に確定した日の属する事業年度とされています。ただし、役員退職給与の額を支払った日の属する事業年度においてその支払った額につき損金経理をした場合にも損金算入が認められます（同ただし書き）。

2 当該事例の考え方

　当該事例において、取締役会長に対する役員退職給与を税務上損金に算入できる時期は、上述のとおり、②の「取締役会長の退職給与の金額が確定した日」となります。なお、損金経理を要件として、④の「取締役会長に退職給与（金額確定分）を支給した日」に損金に算入することもできます。

> **法人税基本通達9-2-28（役員に対する退職給与の損金算入の時期）**
>
> 　退職した役員に対する退職給与の額の損金算入の時期は、株主総会の決議等によりその額が具体的に確定した日の属する事業年度とする。ただし、法人がその退職給与の額を支払った日の属する事業年度においてその支払った額につき損金経理をした場合には、これを認める。

第3章 役員給与等

3-8 役員退職給与の分割支給

Q

　当社は、当期末で役員1名が退職予定ですが、この役員退職給与について
は、当社の資金繰りの都合で、2回に分割して支給することを考えています。
　役員退職給与を分割支給すると、税務上、退職年金となる場合があると聞
きましたが、当社のケースでは、どう考えればよいのでしょうか。なお、こ
の役員退職給与は、当社の役員退職金規程に基づき支給するもので、その他
手続面や金額面で税務上問題となるような事実はありませんが、分割支給そ
のものについては、役員退職金規程に規程されていません。

Point

　役員退職給与を分割支給するに当たって、税務上の取扱いとして、退職給与と
なるのか、退職年金となるのかは、その支給の根拠となる規程に基づき判断する
というのが原則です。
　しかし、役員退職給与の分割支給が、退職年金と経済的に同様と認められるよ
うな実態を有する場合には、その規程にかかわらず、退職給与ではなく退職年金
と税務上判断されることもあり得るものと考えます。

A

　貴社における役員退職給与の支給は、役員退職金規程に基づくとのことですので、原則
として退職年金ではなく退職給与として取り扱われます。
　ただし、課税当局側としては、役員退職給与を分割して支給する点について、その決定
機関、具体的な支給時期、相当の合理性の有無、利益調整の有無などについて検討し、そ
の経済的な実態からみて、退職給与でよいのか、あるいは退職年金とすべきなのかを総合
的に判断するものと考えます。

111

解 説

1 制度の概要

　退職給与の支給に当たっては、一時金としてその支給額の全額を一括で支給することが一般的ですが、支給者側の資金面の都合から、分割して支給されることも実務上見受けられます。

　この点、退職給与が分割支給になったからといって、税務上、そのこと自体が直ちに退職年金とみなされるわけではありません。また、退職給与と退職年金との区別は、例えば、支給期間が10年以上とか、分割の回数が10回以上といった期間や回数によって一律に線引きできるものでもありません。

　退職給与か退職年金かの区別については、原則として、その支給の根拠となる規程が、退職金規程なのか、それとも退職年金規程なのかによって判断します。したがって、退職金規程に基づき支給されるものについては、結果的にどのような形で支給されようとも、税務上は退職給与として取り扱われます。

（実務上、問題となるケース）

　ただ、実務上問題となるのは、規程そのものが存在しないケースや、退職金規程に基づき分割で支給されるものであっても、その経済的な実態からみて退職年金に極めて類似するようなケースです。このようなケースの場合には、退職給与について、本来は一時金として支給すべきところを分割で支給するわけですから、分割支給する点について、

① 退職者の了解は得ているのか

② 退職金規程に盛り込まれているのか

③ 法人の業績や資金繰りの状況からみて相当の合理性があるといえるのか

④ 同様のケースがこれまでにもあったのか

などを総合的に勘案した上で、退職給与か退職年金かを個別具体的に判断することになるものと考えます。例えば、分割支給に相当の合理性がない場合や、分割期間が相当の長期間となる場合、あるいは法人税の軽減だけを目的としている場合には、退職年金として取り扱われることがあり得るものと考えられます。

（税務上の取扱いの相違点）

　なお、退職給与と退職年金とでは、支給する法人と支給される役員等の税務上の取扱いが異なるという点にも留意しておく必要があります。支給する法人にとっては、退職給与であればその金額が確定した事業年度で損金となりますが、退職年金となる場合には、原

則として退職年金を支給する各事業年度において損金に算入されることになります（法法22③二、法基通9−2−29）。一方、退職給与を支給される役員等にとっては、退職給与であれば退職所得に区分されますが、退職年金となる場合には雑所得に区分されることになります（所法30、35）。

２ 当該事例の考え方

　当該事例においては、資金繰りの都合により役員退職給与を２回に分割して支給するとのことですが、あくまでも役員退職金規程に基づき支給されるものですので、原則としては退職給与として取り扱われます。

　ただし、課税当局側としては、役員退職給与を分割して支給する点について、

① 　取締役会や株主総会等で決定されたか

② 　分割された２回目の支給時期はいつ頃か

③ 　資金繰りの状況から分割することに相当の合理性があるといえるか

④ 　税務上の利益調整を意図していないか

⑤ 　同様のケースがこれまでにもあったか

などについて検討し、その経済的な実態からみて、退職給与でよいのか、あるいは退職年金とすべきなのかを総合的に判断するものと考えます。

法人税基本通達9−2−29（退職年金の損金算入の時期）

　法人が退職した役員又は使用人に対して支給する退職年金は、当該年金を支給すべき時の損金の額に算入すべきものであるから、当該退職した役員又は使用人に係る年金の総額を計算して未払金等に計上した場合においても、当該未払金等に相当する金額を損金の額に算入することはできないことに留意する。

3-9 ストック・オプションに係る会計処理及び税務上の取扱い

Q

　当社では、現在、一部の従業員等を対象にストック・オプション（自社株選択購入権）の付与を検討しています。

　そこで、ストック・オプションに係る会計処理や税務上の取扱いについて教えてください。

Point

　ストック・オプションの会計処理のポイントは、付与時から権利確定時までの期間において、株式報酬費用が計上されるという点です。

　また、税務上のポイントは、ストック・オプションが税制非適格か税制適格かによって、ストック・オプションを付与する法人と付与される役員等の双方の課税関係が相違するという点です。

A

　ストック・オプションについて、会計処理と税務上の取扱いの概要を図で示すと、次ページのようになります。

　なお、3月決算法人で、平成30年6月の株主総会で次のとおりストック・オプションの付与を決定した場合を前提としています。

○付与日	平成30年7月1日
○権利確定日	平成31年6月30日
○権利行使期間	平成31年7月1日～平成33年6月30日

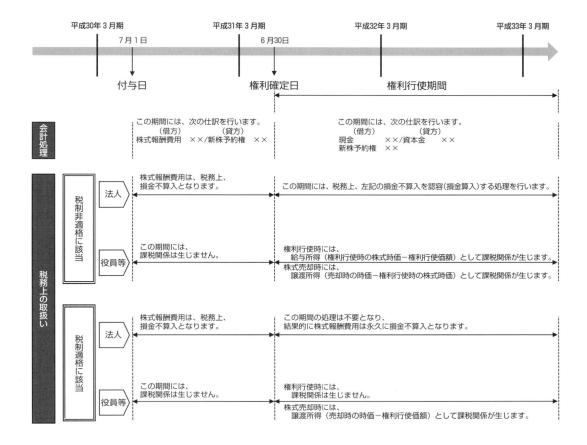

解説

1 制度の概要

　ストック・オプションとは、法人が役員等に対し、一定の期間（権利行使期間）中にあらかじめ定められた価額（権利行使価額）で自社の株式を取得することができる権利を付与し、その見返りとして、法人は役員等から役務提供という対価を受け取る仕組みのことです。

　ストック・オプションの制度は、役員等にとっては、株価が上昇すればその値上がり分の利益を得ることができますし、株式を発行した法人にとっては、業績向上のインセンティブが働き、有能な従業員を確保することができるというメリットがあります。そのため、資金力の乏しいベンチャー企業を中心に導入されているケースが多く見受けられます。

2 会計処理

　ストック・オプションの会計処理としては、ストック・オプションの付与から権利確定までの期間に、役員等から受ける役務提供の対価の額を株式報酬費用として費用に計上するということがポイントになります（ストック・オプション等に関する会計基準（企業会計基準第8号））。

3 税務上の取扱い

　税務上のポイントは、ストック・オプションが、税制非適格となるか、税制適格となるかによって、ストック・オプションを付与する法人と付与される役員等の課税関係が相違するという点です（法法54の2）。

　この点、税制非適格とは税制適格以外のストック・オプションをいい、税制適格とはストック・オプションのうち、

① 　新株予約権等の行使は、その付与決議の日後2年を経過した日から当該付与決議の日後10年を経過する日までの間に行わなければならないこと

② 　新株予約権等の行使に係る権利行使価額の年間の合計額が、1,200万円を超えないこと

③ 　新株予約権等の行使に係る一株当たりの権利行使価額は、その契約を締結した株式会社の株式の当該契約の締結の時における一株当たりの価額に相当する金額以上であること

④ 　新株予約権については譲渡をしてはならないこととされていること
などの要件を満たすものです（措法29の2①）。

　なお、平成29年度税制改正により、このストック・オプションの税務上の取扱いについて、平成29年10月1日以後に交付される譲渡制限付新株予約権（法令111の3②）のうち、一定の要件に該当する特定新株予約権（法法54の2①）が交付された場合も含むこととされました（平成29改正法附則15）。

第3章 役員給与等

企業会計基準第8号（ストック・オプション等に関する会計基準）2（2）

　「ストック・オプション」とは、自社株式オプションのうち、特に企業がその従業員等（本項（3））に、報酬（本項（4））として付与するものをいう。ストック・オプションには、権利行使により対象となる株式を取得することができるというストック・オプション本来の権利を獲得すること（以下「権利の確定」という。）につき条件が付されているものが多い。当該権利の確定についての条件（以下「権利確定条件」という。）には、勤務条件（本項（10））や業績条件（本項（11））がある。

3-10 使用人に対する決算賞与

Q

当社では、当期の輸出関連が好調で、業績が予想を大きく上回ったことから、使用人に対する利益還元という趣旨で、決算賞与の支給を検討しています。
　この決算賞与を当期末に未払計上するに当たっては、税務上、厳しい要件があると聞きましたが、具体的にどのような取扱いとなっているのでしょうか。

Point

決算賞与については、当該事例のように、決算期末に未払計上するケースが多く、債務確定基準（法法22③二、法基通2－2－12）の観点から、税務調査においては、必ずその対象となる項目といえます。

A

　決算賞与を未払計上した事業年度において損金に算入するためには、その支給対象となる全ての使用人に対して当該事業年度内に支給額を通知し、その通知をした事業年度終了の日の翌日から1か月以内に実際に支給することなどの要件を満たす必要があります。

解説

1 決算賞与の意義

　決算賞与は、就業規則等によりあらかじめ定められた時期に支給される賞与ではなく、法人の業績等の状況を鑑みて特別に支給される賞与のことです。なお、決算賞与といっても、決算期末までに実際に支給されていれば、税務上問題となることは原則としてありません（法令72の3三）。

第3章 役員給与等

2 損金算入の要件

　税務上よく問題となり得るのは、当該事例のように決算賞与を期末に未払計上するケースです。この未払計上による決算賞与を当該未払計上した事業年度において損金に算入するためには、次の全ての要件を満たす必要があります（法令72の３二、法基通９－２－43、９－２－44）。

① 支給額を各人別に、かつ、同時期に支給を受ける全ての使用人に対して通知していること。

② その通知をした金額を通知した全ての使用人に対し、通知をした日の属する事業年度終了の日の翌日から１か月以内に支払っていること。

③ 支給額につきその通知をした日の属する事業年度において損金経理をしていること。

　この点、特に留意すべきことは、決算賞与の対象となる使用人のうち、１名でも上記の要件を満たさなかった場合には、当該１名の決算賞与の金額だけでなく、未払計上した決算賞与の全額が損金不算入になるということです。

法人税法施行令第72条の３（使用人賞与の損金算入時期）

　内国法人がその使用人に対して賞与を支給する場合には、これらの賞与の額について、次の各号に掲げる賞与の区分に応じ当該各号に定める事業年度において支給されたものとして、その内国法人の各事業年度の所得の金額を計算する。

一　労働協約又は就業規則により定められる支給予定日が到来している賞与　当該支給予定日又は当該通知をした日のいずれか遅い日の属する事業年度

二　次に掲げる要件の全てを満たす賞与　使用人にその支給額の通知をした日の属する事業年度

　　イ　その支給額を、各人別に、かつ、同時期に支給を受ける全ての使用人に対して通知をしていること。

　　ロ　イの通知をした金額を当該通知をした全ての使用人に対し当該通知をした日の属する事業年度終了の日の翌日から１月以内に支払っていること。

　　ハ　その支給額につきイの通知をした日の属する事業年度において損金経理をしていること。

三　前二号に掲げる賞与以外の賞与　当該賞与が支払われた日の属する事業年度

法人税基本通達 9−2−43（支給額の通知）

　法人が支給日に在職する使用人のみに賞与を支給することとしている場合のその支給額の通知は、令第72条の3第2号イの支給額の通知には該当しないことに留意する。

法人税基本通達 9−2−44（同時期に支給を受ける全ての使用人）

　法人が、その使用人に対する賞与の支給について、いわゆるパートタイマー又は臨時雇い等の身分で雇用している者とその他の使用人を区分している場合には、その区分ごとに、令第72条の3第2号イの支給額の通知を行ったかどうかを判定することができるものとする。

第3章 役員給与等

3-11 出向に関する税務上の留意点

Q

　当社は、企業集団を構成するグループ法人の子法人です。今般、他のグループ法人と出向契約に関する交渉を始めたいと考えています。
　そこで、出向に関する税務上の取扱いについて、その留意点を教えてください。

Point

　出向は、出向者が出向元との雇用契約を維持しながら出向先に勤務するという仕組みであることから、出向者の給与を出向元と出向先でどのように負担するのか、また、その負担割合は適正かという観点から、税務上問題となることがあります。

A

　出向に関する税務上の留意点は、次の4点です。

①　出向者に対する給与は、本来、出向先がその全額を負担すべきです。仮に、出向元が実質的に負担していると認められる場合には、そこに合理的な理由が必要となります。

②　出向先が、出向元を通じて出向者に間接的に支給する給与は、原則として、出向先における給与として取り扱われます（法基通9-2-45）。

③　出向者が出向先で役員となっている場合で一定の要件を満たすときは、出向先が支出する給与負担金等の支出が、出向者に対する役員給与として、役員給与の損金不算入（法法34）等の規定を適用します（法基通9-2-46）。

④　出向者に対する給与の源泉徴収義務者は、あくまで出向者に対して給与を支給する者です。

121

解 説

　出向は、親法人等が使用人との雇用契約を維持しながら、一時的に子法人等に使用人を派遣するものであり、その形態は、出向先での出向者の役職や出向者の給与をどのように負担するのかによって様々です。以下の図は、主な出向の形態ごとに税務上（法人税、消費税、源泉所得税）の取扱いを簡潔に整理したものです。

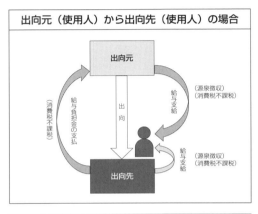

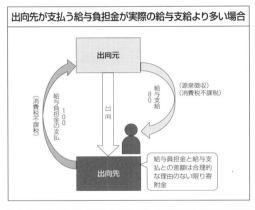

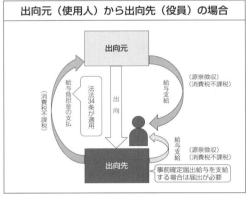

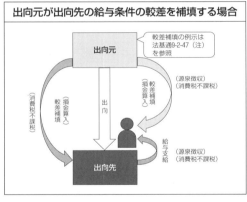

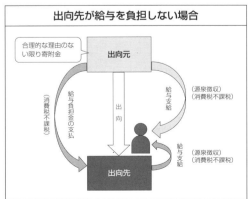

第3章 役員給与等

3-12 役員給与は期末仕掛品に含めるべきか

Q

　当社は、IT 関係のシステム制作会社です。当社では、代表取締役が SE や営業活動等を行って、システム作業の一部を直接担当している案件があります。

　そこで、代表取締役が担当した案件の一部が、仮に決算期末の段階で仕掛となった場合、それに要した代表取締役の役員給与を期末仕掛品として資産計上すべきなのでしょうか。

Point

　売上原価は、費用収益対応の原則により、当期に帰属する売上げと対応させるべき費用を意味します。したがって、売上原価の内訳項目である仕入れや労務費等のうち、当期の売上げに紐付かない費用については、期末仕掛品等として資産計上しておき、翌期以降に帰属する売上げと対応させることになります。

　一方、役員給与は、通常、期間費用である販売費及び一般管理費の内訳項目として計上されます。この期間費用とは、売上原価のように収益と対応させずとも、債務が確定していれば費用に計上できるというものです。

A

　貴社の代表取締役に対する役員給与については、期末仕掛品として資産計上する必要はありません。

解 説

■ 制度の概要

　期末仕掛品は、期末原材料や期末完成品原価などとともに、期末棚卸資産の一部を構成します。

123

この棚卸資産の取得価額は、税務上、その資産の購入の代価、取得のため又は販売の用に供するために直接要した費用の支出額の合計額です（法令32①）。このうち、自社で棚卸資産を製造等した場合の取得価額については、

①　当該資産の製造等のために要した原材料費、労務費及び経費の額

②　当該資産を消費し又は販売の用に供するために直接要した費用の額

の金額の合計額とされています（法令32①二）。

　ところで、仮に、役員給与を売上原価の労務費に含めるという認識の下では、役員給与についても期末仕掛品を構成する要素になり得るとも考えられます。

　しかしながら、役員に対する給与は、会社法上、委任に準ずる契約によるものとされており（会社法第330条）、雇用契約に基づく使用人に対する給与とは異なり、特定の業務等に対する対価としてではなく、包括的な委任に対する対価として支給されるものです。

　したがって、役員給与については、費用収益を対応させる売上原価としてではなく、期間費用である販売費及び一般管理費として計上するほうが、役員給与本来の考え方を反映した会計処理であるものと考えます。

２ 当該事例の考え方

　当該事例においては、次の理由から、代表取締役の役員給与を期末仕掛品として資産計上する必要はないものと考えます。

①　代表取締役である以上、会社の全ての分野で何らかの業務執行を行うことはむしろ当然であって、案件によってどこまで携わっているのかという程度の差はあるにしても、結果的に何らかの形で全ての売上げに寄与していると考えられること。

②　仮に、代表取締役の役員給与の一部を期末仕掛品として資産計上するにしても、役員給与そのものが時間的拘束力のない包括的な委任報酬であることから、役員給与の総額から具体的にどのような考え方で時間的単価を算出し、個々の案件に配分するのかといった方法論について、会計上及び税務上における合理性や明瞭性を見出すことが必ずしも容易ではないと考えられること。

会社法第330条（株式会社と役員等との関係）

　株式会社と役員及び会計監査人との関係は、委任に関する規定に従う。

第3章 役員給与等

3-13 役員から無償で資産を取得した場合の課税関係

Q
　当社では、今般、ある役員の個人所有であったパソコン数台を無償で引き取ることになりました。このように無償で引き取るという形であれば、当社として会計的・税務的に何ら処理を行わなくても問題はないと考えてよいでしょうか。なお、パソコン数台の時価は合計で29万円です。

Point
　法人が役員から無償で資産を取得した場合には、法人においては、当該資産の時価相当額を受贈益として収益に計上します。
　また、資産を無償で提供した役員は、みなし譲渡として所得税が課税される場合があるほか、法人の株主に対しては、みなし贈与として贈与税が課税される場合があります。

A

　貴社では、次のような会計処理（税務上の取扱いも同じ）が必要です。

(借方) パソコン　29万円　　(貸方) 受贈益　29万円

解 説

1 制度の概要

　法人が、役員等の法人の関係者や第三者などから資産を無償で取得した場合には、原則として、当該資産の時価相当額が受贈益として益金の額に算入されます（法法22②）。これは、会計的にも税務的にも、無償で取得した資産の時価相当額を金銭により贈与を受け、その金銭で当該資産を取得したものと考えるためです。
　すなわち、次のような順序で仕訳を考えます。

125

① （借方）現金　×××　　　（貸方）雑収入（受贈益）　×××

　まず、現金×××の贈与を受けたと考えるため、同額の雑収入（受贈益）が計上されます。

② （借方）資産　×××　　　（貸方）現金　×××

　次に、①で贈与された現金で、資産（無償で取得した資産の時価相当額）を取得したものと考えます。

　以上から、結果的に、「（借方）資産　×××／（貸方）雑収入（受贈益）　×××」の仕訳が導き出されます。これは、無償で取得した資産については、当該資産の時価相当額でもって資産に計上するとともに、その同額を受贈益として収益に計上するということです。

❷ 当該事例の考え方

　当該事例においては、時価29万円のパソコン数台を無償で役員から取得したとのことですので、パソコン29万円の資産計上（器具及び備品）を行うとともに、その同額を受贈益として収益計上することになります。

　なお、パソコン数台を無償で提供した役員については、みなし譲渡による所得税が課税される場合があります（所法59①一）。これは、個人が法人に対して無償で資産を譲渡した場合には、当該資産の時価で譲渡したものとみなされるためです。

　さらに、貴社の株主に対しては、みなし贈与として贈与税が課税される場合があります（相法9、相基通9－2）。これは、貴社に受贈益が認識されると、貴社の利益剰余金が増加し、貴社の株主にとっては株価の増加という「利益の享受」がもたらされると考えるためです。

> **法人税法第22条第2項（各事業年度の所得の金額の計算）**

　内国法人の各事業年度の所得の金額の計算上当該事業年度の<u>益金の額に算入すべき金額</u>は、別段の定めがあるものを除き、資産の販売、有償又は無償による資産の譲渡又は役務の提供、<u>無償による資産の譲受け</u>その他の取引で資本等取引以外のものに係る当該事業年度の収益の額とする。

第3章 役員給与等

所得税法第59条第1項（贈与等の場合の譲渡所得等の特例）

　次に掲げる事由により居住者の有する山林又は譲渡所得の基因となる資産の移転があった場合には、その者の山林所得の金額、譲渡所得の金額又は雑所得の金額の計算については、その事由が生じた時に、その時における価額に相当する金額により、これらの資産の譲渡があつたものとみなす。

一　贈与（法人に対するものに限る。）又は相続若しくは遺贈

二　著しく低い価額の対価として政令で定める額による譲渡（法人に対するものに限る。）

相続税法第9条

　第5条から前条まで及び次節に規定する場合を除くほか、対価を支払わないで、又は著しく低い価額の対価で利益を受けた場合においては、当該利益を受けた時において、当該利益を受けた者が、当該利益を受けた時における当該利益の価額に相当する金額を当該利益を受けさせた者から贈与により取得したものとみなす。

相続税法基本通達9-2（株式又は出資の価額が増加した場合）

　同族会社の株式又は出資の価額が、例えば、次に掲げる場合に該当して増加したときにおいては、その株主又は社員が当該株式又は出資の価額のうち増加した部分に相当する金額を、それぞれ次に掲げる者から贈与によって取得したものとして取り扱うものとする。この場合における贈与による財産の取得の時期は、財産の提供があった時、債務の免除があった時又は財産の譲渡があった時によるものとする。

(1)　会社に対し無償で財産の提供があった場合　当該財産を提供した者

(2)　時価より著しく低い価額で現物出資があった場合　当該現物出資をした者

(3)　対価を受けないで会社の債務の免除、引受け又は弁済があった場合　当該債務の免除、引受け又は弁済をした者

(4)　会社に対し時価より著しく低い価額の対価で財産の譲渡をした場合　当該財産の譲渡をした者

その他の費用・損失

4-1 商品券を一部使用した社内レクリエーション費用

Q

当社は、社内レクリエーションの費用の一部に充てる目的で、チケットショップにてディスカウントで商品券50,000円相当額を47,500円で購入しました。その後、社内レクリエーションを実施し、その費用54,000円（税込）を商品券と現金4,000円で支払いましたが、これら一連の会計処理は、どのようにすべきでしょうか。

なお、当社は税込経理方式を採用しています。

Point

ディスカウントで取得した商品券の取得価額と券面額との差益は、原則として、その商品券を実際に使用した時に雑収入として収益計上すべきであると考えます。

A

貴社では、次のような会計処理になるものと考えます。

① 商品券の購入時

借方	貸方
商品券　　50,000円	現　金　47,500円 前受金　 2,500円

② 社内レクリエーションの開催時

借方	貸方
福利厚生費　54,000円 前　受　金　 2,500円	商品券　50,000円 現　金　 4,000円 雑収入　 2,500円

解 説

当該事例のようなケースにおいては、次の3つのパターンの会計処理が考えられます。

内容＼区分	パターン1 借方		パターン1 貸方		パターン2 借方		パターン2 貸方		パターン3 借方		パターン3 貸方	
商品券（券面額50,000円相当額）を現金47,500円で購入した。	商品券（非）	47,500	現金	47,500	商品券（非）	50,000	現金	47,500	商品券（非）	50,000	現金	47,500
							前受金	2,500			雑収入（不）	2,500
福利厚生費として54,000円を使用し、うち50,000円は商品券で、残り4,000円は現金で支払った（税込経理）。	福利厚生費（課）	51,500	商品券	47,500	福利厚生費（課）	54,000	商品券	50,000	福利厚生費（課）	54,000	商品券	50,000
			現金	4,000			現金	4,000			現金	4,000
					前受金	2,500	雑収入（不）	2,500				

（注）消費税の課否判定の表示：（課）⇒課税、（非）⇒非課税、（不）⇒不課税

　まず、パターン1の会計処理は、社内レクリエーションに要した費用の全額が費用に計上されず、総額主義に反することから、妥当とはいえません。

　次に、パターン2とパターン3の会計処理については、仮に商品券の購入と社内レクリエーションの開催が同一事業年度内で実施された場合であれば、両者の間に相違はありません。しかし、決算期を跨いで商品券の購入と社内レクリエーションの開催が実施された場合には、商品券をディスカウントで購入したことに伴う雑収入の計上時期に相違が出てくることとなります。すなわち、パターン3の会計処理では商品券の購入時において、一方、パターン2の会計処理では社内レクリエーションの開催時において、それぞれ雑収入が認識されます。

　この点、当該事例においては、次の理由からパターン2の会計処理が妥当であるものと考えます。

① 商品券の購入自体が、社内レクリエーション費用に充てることを目的としていることから、ディスカウントで購入したという事実を、実際に経済的便益を享受した社内レクリエーションの開催と併せて雑収入として計上するほうが、取引の実態をより適切に反映しているといえること。

② パターン3の会計処理の場合には、本来、時価評価をしない商品券について、結果的に、売買目的有価証券や金融商品等と同様に時価評価をすることになってしまうこと。

参考

　次のフローは、売上原価や経費など税務上損金とされているものについて、税務調査の視点から、主にどのような着眼点で調査していくのかを示したものです。

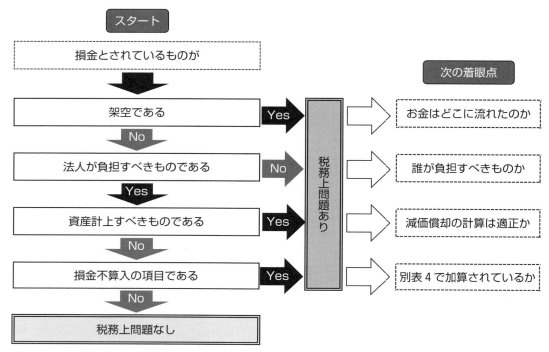

（注）　損金とされているものが福利厚生費の場合には、上記の検討項目に加えて、「全従業員を対象としているか否か」の検討が必要となります。仮に全従業員を対象としていない場合には、その経済的利益の供与を受けた役員又は従業員等に対して、所得税（源泉徴収）が課される場合があります。

第4章｜その他の費用・損失

4-2 関連法人の従業員等に対して 福利厚生費等の負担をした場合

Q

当社は、創業以来、「従業員が宝である」をモットーとして、従業員に対する福利厚生面の充実を図ることに重点的に取り組んでいます。また、近年における雇用の流動化や働き方改革などによって、当社には、社員以外にも専属下請企業の従業員や子法人の従業員、派遣社員等も存在します。

そこで、これら社員以外の者に対して当社で実施している各種の福利厚生費等の負担を行った場合、税務上、どのように考えればよいのでしょうか。

Point

自社以外の従業員等に対して福利厚生費を負担した場合には、その支出の目的や金額等によっては、税務上、交際費等や寄附金に該当することも考えられます。

A

次ページの表は、福利厚生費等の支出先とその内容に応じて、税務上の原則的な取扱いを簡潔に取りまとめたものですので、こちらを参照ください。なお、個々の状況に応じて、税務上の取扱いが相違する場合があることに留意願います。

解説

当該事例のように、自社以外の従業員等に対して福利厚生費等の負担を行った場合に税務上の取扱いをどのように考えるべきか、その判断に迷うケースが実務上よく見受けられます。

そこで、福利厚生費の支出先として、①専属下請企業の従業員等、②子法人の従業員、③専属セールスマン、④特約店の従業員等、⑤派遣社員、⑥元役員又は元従業員に、また、

133

福利厚生費の内容として、①運動会、慰安会、旅行等の費用、②慶弔費用、見舞金、③創立記念品、④健康診断費用、⑤業務改善等に対する報奨金に区分して整理しています。

　ただし、いずれの場合であっても、税務上の取扱いを判断する上では、その支出や開催の目的がそもそもどこにあるのかという点が最も重要な視点となります。

支出先 ＼ 内容	運動会、慰安会、旅行等の費用	慶弔費用、見舞金	創立記念品	健康診断費用	業務改善等に対する報奨金
専属下請企業の従業員等	交際費等にならない（措通61の4（1）－18（3））	交際費等にならない（措通61の4（1）－18（1）、（4））	原則として、交際費等にならない		交際費等にならない（措通61の4（1）－18（2））
子法人（専属の下請企業を除く）の従業員	原則として、寄附金又は交際費等になる				親法人にとっても対価性があると認められる場合には、報酬等の損金となる 一方、子法人にしか対価性がないと認められる場合には、寄附金となる
所得税法204条の適用を受ける専属セールスマン（事業所得者）	交際費等にならない（措通61の4（1）－13（2））	交際費等にならない（措通61の4（1）－13（3））	原則として、交際費等にならない		交際費等にならない（措通61の4（1）－13（1））
所得税法204条の適用を受ける専ら自己の製品等を取り扱う特約店等の従業員等	原則として、交際費等にならない			交際費等にならない（措通61の4（1）－7（注）及び国税庁質疑応答事例）	交際費等にならない（措通61の4（1）－14）
派遣社員	原則として、交際費等になる ただし、自社の従業員等とともに従事し、通常必要と認められる程度のものであれば、交際費等にならないこともあり得る				―
元役員・元従業員	原則として、交際費等になる	福利厚生費となる（措通61の4（1）－10（2））	現従業員等と同様に一律に支給され、処分見込価額が1万円以下で、記念品としてふさわしいものであれば、現従業員等に対して支給するものと同様に取り扱って差し支えない（国税庁質疑応答事例）		

（注）「従業員等」とは、役員及び従業員をいいます（措通61の4（1）－7（注））。

134

4-3 法人が加入する終身保険の取扱い

Q

当社は、この度、法人契約で終身保険（被保険者は役員又は使用人、保険金受取人は被保険者の遺族）に加入する予定です。

この保険料については、税務上どのように処理したらよいのでしょうか。

Point

法人が支払う保険料について、税務上、特に留意すべきことは、
① 保険の種類によって税務上の取扱いが異なる
② 保険料の中に保険積立金等として資産計上すべきものが含まれている場合がある
③ 特定の役員又は使用人のみを被保険者としている場合には、その者に対する給与となる
といった点です。

A

貴社が法人契約した終身保険に係る保険料は、税務上、被保険者である役員又は使用人に対する給与として処理することになります。

解説

1 制度の概要

終身保険は、被保険者が死亡するまで保険契約が継続し、被保険者の死亡によって死亡保険金が支払われる生命保険で、一般的には個人契約により加入するケースが多いとされています。

この点、法人が終身保険に加入するということについては、通常、保険料が高額となり

保険料として支払った金額のほとんどが保険積立金となることや、保険金を受領する時期も未定であるといったことなどから、そもそも永続を前提として事業を営む法人が加入するような保険かどうかといった意見もあります。こういった背景もあってか、法人が加入する終身保険の税務上の取扱いについては、現在、明文化された規定はありません。

2 当該事例の考え方

　養老保険は、満期又は被保険者の死亡によって保険金が支払われる生命保険であり、これについては、法人税基本通達9-3-4でその取扱いが示されています。

　この点、法人が被保険者を役員又は使用人とした終身保険に加入し、保険金の受取人を法人とした場合には、養老保険と同様に実質的には定期積立預金をしていることと同一であると考えられることから、法人税基本通達9-3-4に準じて、支払った保険料は保険積立金等として資産に計上すべきものと考えます。

　一方、当該事例のように、保険金の受取人が被保険者の遺族である場合には、役員又は使用人の死亡によって、その遺族が確実に保険金を受け取ることができます。これは、実質的には、法人が役員又は使用人に対して経済的利益を供与したと考えることができますので、この場合も法人税基本通達9-3-4に準じて、支払った保険料は役員又は使用人に対する給与として処理すべきものと考えます。

法人税基本通達9-3-4（養老保険に係る保険料）

　法人が、自己を契約者とし、役員又は使用人（これらの者の親族を含む。）を被保険者とする養老保険に加入してその保険料を支払った場合には、その支払った保険料の額（傷害特約等の特約に係る保険料の額を除く。）については、次に掲げる場合の区分に応じ、それぞれ次により取り扱うものとする。

(1) 死亡保険金及び生存保険金の受取人が当該法人である場合

　　その支払った保険料の額は、保険事故の発生又は保険契約の解除若しくは失効により当該保険契約が終了する時までは資産に計上するものとする。

(2) 死亡保険金及び生存保険金の受取人が被保険者又はその遺族である場合

　　その支払った保険料の額は、当該役員又は使用人に対する給与とする。

(3) 死亡保険金の受取人が被保険者の遺族で、生存保険金の受取人が当該法人である場合

　　その支払った保険料の額のうち、その2分の1に相当する金額は（1）により資産に計上し、残額は期間の経過に応じて損金の額に算入する。ただし、役員又は部課長その他特定の使用人（これらの者の親族を含む。）のみを被保険者としている場合には、当該残額は、当該役員又は使用人に対する給与とする。

第4章　その他の費用・損失

4-4　役員のみを被保険者とした保険料

Q

当社は、保険契約者を法人、被保険者を役員又は使用人、死亡保険金の受取人を被保険者の遺族とする定期保険に加入しました。ただし、この定期保険の加入年齢を満40歳以上としたことから、結果的には、被保険者を特定の役員のみとする契約となっています。

当社が支払うこの定期保険に係る保険料については、税務上、保険料として損金に算入できるのでしょうか。

Point

法人契約の定期保険に係る保険料については、原則として、期間の経過に応じて損金に算入できますが、死亡保険金の受取人を被保険者の遺族とし、特定の者のみを被保険者とした場合には、当該保険料は、税務上、被保険者に対する給与となります。

なお、法人が一定の制限を設けることによって、結果的に特定の者のみが被保険者となった場合であっても、その制限に合理的な理由等を有する場合には、給与ではなく保険料として処理できるものと考えます。

A

貴社において、定期保険の加入年齢を満40歳以上としたことに一定の合理的な理由があり、すべての役員又は使用人が満40歳になれば加入できるとの認識があるなどのような場合においては、保険料として損金に算入できるものと考えます。

解 説

1 制度の概要

　法人契約の定期保険については、死亡保険金の受取人が法人の場合には、支払った保険料は、期間の経過に応じて損金に算入できます（法基通9－3－5（1））。また、死亡保険金の受取人が被保険者の遺族の場合にも、原則としては、期間の経過に応じて損金に算入できます（法基通9－3－5（2））。これは、定期保険がいわゆる掛け捨てと呼ばれる保険であって、保険積立金等の資産に計上すべきものがないからです。

　ところが、死亡保険金の受取人が被保険者の遺族の場合であっても、被保険者を特定の者のみとする定期保険に法人が加入した場合には、当該保険料は、全ての役員又は使用人を対象とした福利厚生の一環という目的で支出したというよりも、特定の者に対して特別に経済的利益を供与するために支出したものといえます。そこで、このような場合には、税務上、当該保険料をその特定の者に対する給与として考えます（法基通9－3－5（2）ただし書き）。

2 当該事例の考え方

　当該事例においては、被保険者の加入年齢として満40歳以上という年齢制限を設けたとのことですが、このように被保険者を全ての役員又は使用人とするのではなく、法人の実情等に応じて、例えば、役職や勤続年数、年齢等によって、保険加入に一定の制限等を設けることは、人材育成や経営管理の観点からはむしろ妥当なものと考えられます。

　当該事例では、定期保険の加入年齢を満40歳以上とした理由が明確ではありませんが、例えば、満40歳以上としたことに一定の合理的な理由があって、満40歳になれば法人契約により定期保険に加入するとの就業規則等を規程した上で、その規則の存在を全ての役員又は使用人に周知し、全ての役員又は使用人が満40歳になれば加入できるとの認識を有している場合には、事実上、被保険者を特定の者のみとしたものではなく、全ての役員又は使用人にその門徒を広げているとみることができます。貴社においても、このような状況であれば、現在の保険加入の状況のみから形式的に役員又は使用人に対する給与として判断するのではなく、被保険者を全ての役員又は使用人としているものとみて、保険料として損金に算入できるものと考えます。

第4章｜その他の費用・損失

法人税基本通達9−3−5（定期保険に係る保険料）

　法人が、自己を契約者とし、役員又は使用人（これらの者の親族を含む。）を被保険者とする定期保険に加入してその保険料を支払った場合には、その支払った保険料の額（傷害特約等の特約に係る保険料の額を除く。）については、次に掲げる場合の区分に応じ、それぞれ次により取り扱うものとする。

(1)　死亡保険金の受取人が当該法人である場合

　その支払った保険料の額は、期間の経過に応じて損金の額に算入する。

(2)　死亡保険金の受取人が被保険者の遺族である場合

　その支払った保険料の額は、期間の経過に応じて損金の額に算入する。ただし、役員又は部課長その他特定の使用人（これらの者の親族を含む。）のみを被保険者としている場合には、当該保険料の額は、当該役員又は使用人に対する給与とする。

参 考

　ここでは、保険料に関して、税務上のポイントと取扱いの概要を整理します。

1　税務上のポイント

　保険料に関する税務上のポイントとしては、主に次の4点を指摘できます。

①　保険料の中に、保険積立金として資産計上すべき部分はないか。

②　法人税法上、支払った保険料の全額が損金となる保険であったとしても、特定の者だけを被保険者として加入していないか。

③　短期前払費用（法基通2−2−14）として費用計上する場合、短期前払費用の要件は満たしているか。

④　保険料の取扱いが法人税基本通達等で明確となっていない保険商品等については、税務上疑義となるようなケースがあり得ることを確認したか。

139

2 取扱いの概要

　法人が支払う保険料に関する税務上の原則的な取扱いについて、その概要を簡潔に整理すると次のようになります。

項　目		規　定	原則的な取扱い
退職金共済掛金等		法令135、法基通9-3-1	納付日又は払込日に損金計上
社会保険料		法基通9-3-2	計算対象月の末日の属する事業年度に損金計上
労働保険料		法基通9-3-3	申告書提出日又は納付日に損金計上
生命保険料	養老保険	法基通9-3-4	保険積立金　OR　給与　OR　1/2積立＋1/2保険料（又は給与）
	定期保険	法基通9-3-5	保険料　OR　給与
	定期付養老保険	法基通9-3-6	保険積立金　OR　給与　OR　1/2積立＋1/2保険料（又は給与）
	長期平準定期保険	平20.2.28　個別通達	保険期間の60％相当の期間までは、1/2積立＋1/2保険料（又は給与）
	逓増定期保険	平20.2.28　個別通達	保険期間の60％相当の期間までは、1/2積立＋1/2保険料（又は給与）　OR　2/3積立＋1/3保険料（又は給与）　OR　3/4積立＋1/4保険料（又は給与）
	介護費用保険	平元.12.16　個別通達	被保険者が60歳に達するまでの支払分は、1/2積立＋1/2保険料（又は給与）
	個人年金保険	平2.5.30　個別通達	保険積立金　OR　給与　OR　90％積立＋10％保険料（又は給与）
	医療保険（終身保障）	平24.4.27　個別通達	保険料（又は給与）　OR　保険積立金
	がん保険	平24.4.27　個別通達	1/2積立＋1/2保険料（又は給与）　OR　保険料（又は給与）
	傷害特約等保険	法基通9-3-6の2	保険料　OR　給与
損害保険料		法基通9-3-9～11	保険積立金　OR　給与　OR　保険料

140

第4章 その他の費用・損失

4-5 中小企業退職金共済と経営セーフティ共済の掛金の未払計上

Q

当社は、3月決算の中小法人です。

本年3月に中小企業退職金共済（中退共）と経営セーフティ共済（中小企業倒産防止共済）へ加入しました。掛金については、本年3月末現在、未だ支払ってはいませんが、当期の決算において、当期の期間に対応する1か月分については未払計上しても税務上問題はないでしょうか。

Point

中小企業退職金共済及び経営セーフティ共済の掛金は、税務上、実際に当該掛金を支出した事業年度において損金に算入できます。

A

貴社が加入した中小企業退職金共済及び経営セーフティ共済の掛金については、ともに未払計上による損金算入はできません。

解 説

1 中小企業退職金共済掛金の取扱い

中小企業退職金共済（中退共）とは、独立行政法人勤労者退職金共済機構・中小企業退職金共済事業本部が運営しているもので、中小企業退職金共済法に基づく中小企業のための国の退職金制度のことです。

この中小企業退職金共済の掛金については、税務上、掛金を支出した事業年度で損金に算入できることとされていますので、当該掛金の未払計上はできません（法令135①一、法基通9-3-1）。

また、この制度では1年分の掛金の前納ができますが、掛金を前納をした場合には、期

141

間の経過に応じて損金に算入することになります。なお、前納の状況によっては、短期前払費用として一時の損金に計上できる場合もあります（法基通2-2-14）。

2 経営セーフティ共済掛金の取扱い

　経営セーフティ共済（中小企業倒産防止共済）とは、中小企業倒産防止共済法に基づき独立行政法人中小企業基盤整備機構が運営しているもので、取引先事業者の倒産の影響を受けて、中小企業が連鎖倒産や経営難に陥ることを防止するための共済制度です。

　この経営セーフティ共済の掛金については、税務上、掛金を支出した事業年度で損金に算入できることとされていますので、当該掛金の未払計上はできません（措法66の11①二）。

　また、この制度では一定期間の前納ができますが、前納した場合には期間の経過に応じて損金に算入することになります。ただし、前納の状況によっては、短期前払費用として一時の損金に計上できる場合もあります（法基通2-2-14）。

　なお、掛金を損金算入する場合には、法人税確定申告書に別表10（6）を添付しなければなりません（措法66の11②）。

法人税法施行令第135条第1項（確定給付企業年金等の掛金等の損金算入）

　内国法人が、各事業年度において、次に掲げる掛金、保険料、事業主掛金、信託金等又は信託金等若しくは預入金等の払込みに充てるための金銭を支出した場合には、その支出した金額は、当該事業年度の所得の金額の計算上、損金の額に算入する。
一　独立行政法人勤労者退職金共済機構又は所得税法施行令第74条第5項に規定する特定退職金共済団体が行う退職金共済に関する制度に基づいてその被共済者のために支出した掛金

法人税基本通達9-3-1（退職金共済掛金等の損金算入の時期）

　法人が支出する令第135条各号《確定給付企業年金等の掛金等の損金算入》に掲げる掛金、保険料、事業主掛金、信託金等又は預入金等の額は、現実に納付又は払込みをしない場合には、未払金として損金の額に算入することができないことに留意する。

第4章 その他の費用・損失

租税特別措置法第66条の11（特定の基金に対する負担金等の損金算入の特例）

1　法人が、各事業年度において、長期間にわたって使用され、又は運用される基金又は信託財産に係る負担金又は掛金で次に掲げるものを支出した場合には、その支出した金額は、当該事業年度の所得の金額の計算上、損金の額に算入する。

　　二　独立行政法人中小企業基盤整備機構が行う中小企業倒産防止共済法の規定による中小企業倒産防止共済事業に係る基金に充てるための同法第2条第2項に規定する共済契約に係る掛金

2　前項の規定は、確定申告書等に同項に規定する金額の損金算入に関する明細書の添付がない場合には、適用しない。

143

4-6 自賠責保険を一括払いした場合の取扱い

Q

当社は、パンの製造小売業を営む法人です。先月、パン運搬用の自家用乗用自動車を取得したのですが、自動車取得時に支払う自賠責保険は、支払時に保険料として全額を損金に算入できますか。なお、この保険の保険期間は37か月で、保険料は一括払いしました。

Point

自賠責保険に係る保険料は、原則として、期間の経過に応じて損金に算入できます。

A

貴社が当期の保険料として損金に算入できるのは、保険期間37か月のうち当期の期間に対応する部分のみであり、支払った保険料の全額を支払時に損金に算入することはできません。

解説

1 制度の概要

自賠責保険（自動車損害賠償責任保険）は、自動車等を運転する場合に、自動車損害賠償保障法上、その加入が義務付けされている損害保険であって、強制保険とも呼ばれています。また、保険期間は、自家用乗用自動車の場合、1か月単位で1か月契約から37か月契約まであります。

自賠責保険を支払った場合の税務上の取扱いについては、自賠責保険がいわば租税公課のように義務的に負担するものであることから、保険期間にかかわらず、支払った時にその全額を損金に算入できるのではないかとの考え方もあり得ます。

144

第4章 その他の費用・損失

　しかし、自賠責保険は、あくまで損害保険のひとつであって、税務上は長期の損害保険契約に係る支払保険料の取扱い（法基通9−3−9）に基づき、期間の経過に応じて損金に算入することになります。なお、一定の要件の下では、短期前払費用の取扱いが認められる場合もあり得ます（法基通2−2−14）。

２ 当該事例の考え方

　当該事例においては、保険期間が37か月の一括払いとのことですので、当期の保険料として損金に算入できるのは、■で述べたとおり、保険期間37か月のうち当期の期間に対応する部分のみとなります。したがって、支払った保険料の全額を支払時に損金に算入することはできません。

法人税基本通達9−3−9（長期の損害保険契約に係る支払保険料）

　法人が、保険期間が3年以上で、かつ、当該保険期間満了後に満期返戻金を支払う旨の定めのある損害保険契約について保険料を支払った場合には、その支払った保険料の額のうち、積立保険料に相当する部分の金額は保険期間の満了又は保険契約の解除若しくは失効の時までは資産に計上するものとし、その他の部分の金額は期間の経過に応じて損金の額に算入する。

（注）　支払った保険料の額のうち、積立保険料に相当する部分の金額とその他の部分の金額との区分は、保険料払込案内書、保険証券添付書類等により区分されているところによる。

法人税基本通達2−2−14（短期の前払費用）

　前払費用（一定の契約に基づき継続的に役務の提供を受けるために支出した費用のうち当該事業年度終了の時においてまだ提供を受けていない役務に対応するものをいう。）の額は、当該事業年度の損金の額に算入されないのであるが、法人が、前払費用の額でその支払った日から1年以内に提供を受ける役務に係るものを支払った場合において、その支払った額に相当する金額を継続してその支払った日の属する事業年度の損金の額に算入しているときは、これを認める。

（注）　例えば借入金を預金、有価証券等に運用する場合のその借入金に係る支払利子のように、収益の計上と対応させる必要があるものについては、後段の取扱いの適用はないものとする。

145

4-7 神社に対するお祓い料

Q

当社は、小売業を営む法人です。この度、商売繁盛や安全祈願等のため、近所の神社でお祓いをしていただきました。その際、お祓い料として金一封をお支払いしたのですが、このお祓い料は、税務上、寄附金として処理すべきなのでしょうか。

Point

「お祓い料」と「祭礼等への寄贈金」とでは、法人税法上の取扱いが相違します。

A

貴社が神社に支払うお祓い料は、税務上の寄附金には該当しません。

解 説

1 制度の概要

法人税法上の寄附金とは、寄附金、拠出金、見舞金その他いずれの名義をもってするかを問わず、金銭等又は経済的な利益の贈与又は無償の供与をいいます（法法37⑦）。ただし、これらの贈与や供与であっても、広告宣伝費や交際費等及び福利厚生費とされるべきものは除かれます（法法37⑦かっこ書き）。

また、神社の祭礼等の寄贈金のように、事業に直接関係のない者に対して金銭でした贈与は、原則として寄附金とされます（措通61の4（1）－2）。

2 当該事例の考え方

当該事例における神社へのお祓い料は、租税特別措置法関係通達61の4（1）－2における神社の祭礼等の寄贈金と同様に、税務上の寄附金となるのではないかとの考え方もあ

146

第4章 その他の費用・損失

り得ます。

　しかし、お祓い料は、貴社が神社からお祓いを受けたことに対する役務提供の対価として支払ったものであって、同通達における神社の祭礼等の寄贈金とは、およそその性格や目的が相違しているものといえます。

　したがって、当該事例におけるお祓い料は、税務上の寄附金には該当せず、雑費等の損金に算入できる科目として処理できます。

　この点、神社に支払うお祓い料については、神社は、一般的に事業関連者とはいえず、また、お祓い料を支払う目的についても、「接待・供応・慰安・贈答」のいずれにも該当しませんので、税務上の交際費等には該当しません（措法61の4④、措令37の5）。

　なお、お祓い料の消費税の取扱いとしては、神社が行うお祓いは事業者が事業として行うものではないことから、不課税取引となります（消法2①四、4①、消令2③、消基通5-1-1）。

法人税法第37条（寄附金の損金不算入）

1　内国法人が各事業年度において支出した寄附金の額の合計額のうち、その内国法人の当該事業年度終了の時の資本金等の額又は当該事業年度の所得の金額を基礎として政令で定めるところにより計算した金額を超える部分の金額は、当該内国法人の各事業年度の所得の金額の計算上、損金の額に算入しない。

7　前各項に規定する寄附金の額は、<u>寄附金、拠出金、見舞金その他いずれの名義をもつてするかを問わず、内国法人が金銭その他の資産又は経済的な利益の贈与又は無償の供与</u>（広告宣伝及び見本品の費用その他これらに類する費用並びに交際費、接待費及び福利厚生費とされるべきものを除く。次項において同じ。）をした場合における当該金銭の額若しくは金銭以外の資産のその贈与の時における価額又は当該経済的な利益のその供与の時における価額によるものとする。

租税特別措置法関係通達61の4（1）-2（寄附金と交際費等との区分）

　<u>事業に直接関係のない者</u>に対して金銭、物品等の贈与をした場合において、それが寄附金であるか交際費等であるかは個々の実態により判定すべきであるが、<u>金銭でした贈与は原則として寄附金とする</u>ものとし、次のようなものは交際費等に含まれないものとする。

(1)　社会事業団体、政治団体に対する拠金

(2)　<u>神社の祭礼等の寄贈金</u>

4-8 新作展示会における記念品贈呈

Q

当社は、婦人服の製造卸売を営む法人です。先月に当社で開催した新作展示会において、招待者である当社の取引先等に対して、購入単価4,000円のボールペンを来場記念品として贈呈しました。

この購入費用について、広告宣伝費として処理したいと考えていますが、税務上問題はないでしょうか。

Point

法人が何らかの目的で物品等を取引先等に贈答する場合における税務上のポイントは、その贈答が、広告宣伝費とできるのか、損金不算入となる交際費等になるのかという点です。

A

ボールペンの購入費用4,000円が、租税特別措置法関係通達61の4－20における「少額」に該当すれば、税務上、広告宣伝費として処理できるものと考えます。

解説

法人が支出する交際費等については、税務上、原則として損金不算入（措法61の4①）とされていますので、当該事例において検討すべきことは、取引先に来場記念品として贈呈したボールペンの購入費用が、損金に算入できる広告宣伝費でよいのか、それとも損金不算入となる交際費等に該当するのかという点です。

そこで、当該事例では、

① 租税特別措置法関係通達61の4（1）－9
② 税特別措置法施行令第37条の5及び租税特別措置法関係通達61の4－20

の２つのアプローチから検討を試みます。

1 租税特別措置法関係通達61の４（1）−9による検討

　租税特別措置法関係通達61の４（1）−9の趣旨は、「不特定多数の者に対する宣伝的効果を意図するもの」に該当すれば、広告宣伝費の性質を有していると考えるものです。

　この点、当該事例においては、新作展示会という宣伝的効果を意図している部分は認められるものの、その対象者については、あくまで当社の取引先等に限られていることから、不特定多数の者を対象としているものとはいえません。

　したがって、同通達により、ボールペンの購入費用を広告宣伝費として処理することはできません。

> ### 租税特別措置法関係通達61の４（1）−9（広告宣伝費と交際費等との区分）
>
> 　<u>不特定多数の者</u>に対する<u>宣伝的効果を意図する</u>ものは広告宣伝費の性質を有するものとし、次のようなものは交際費等に含まれないものとする。
> (1)　製造業者又は卸売業者が、抽選により、一般消費者に対し金品を交付するために要する費用又は一般消費者を旅行、観劇等に招待するために要する費用

2 租税特別措置法施行令第37条の５及び租税特別措置法関係通達61の４（1）−20による検討

　租税特別措置法施行令第37条の５第２項第一号においては、「カレンダー、手帳、扇子、うちわ、手拭いその他これらに類する物品を贈与するために通常要する費用」は、交際費等の範囲から除かれています。これらは一般的に少額であって、広告宣伝費としての性質を有しているためと考えられるからです。また、同号の「これらに類する物品」とは、「多数の者に配付することを目的とし主として広告宣伝的効果を意図する物品でその価額が少額であるもの」とされています（措通61の４（1）−20）。

　そこで、当該事例におけるボールペンが、「これらに類する物品」に該当するか否かについて以下にて検討します。

　まず、「多数の者」のところですが、当該事例では、招待者の数が多数かどうか明確ではありません。しかし、少なくとも **1** とは異なり不特定多数とはされていないことから、招待者の数が、一般的に多数といえる程度のものであれば、同通達における「多数の者」に該当するものと考えます。

次に、「主として広告宣伝的効果を意図」のところですが、当該事例では、新作展示会という宣伝的効果の意図の部分が認められますので、同通達における「主として広告宣伝的効果を意図」に該当するものと考えます。

　最後に、「価額が少額」のところですが、同通達では、少額とのみ規定し金額基準が示されていません。したがって、少額か否かの判断に当たっては、法人の事業規模や業種業態等を踏まえた上で、それぞれの実態に応じて個別に判断せざるを得ません。

　以上、当該事例においては、貴社の事業概況を踏まえつつ、新作展示会の開催趣旨や実施規模、あるいは招待者選考の経緯等を総合的に勘案した上で、4,000円が少額であると判断できれば、同通達により、ボールペンの購入費用を広告宣伝費として処理できるものと考えます。

租税特別措置法施行令第37条の5第2項第一号（交際費等の範囲）

　2　法第61条の4第4項第三号に規定する政令で定める費用は、次に掲げる費用とする。
一　カレンダー、手帳、扇子、うちわ、手拭いその他これらに類する物品を贈与するために
　　通常要する費用

租税特別措置法関係通達61の4（1）-20（カレンダー、手帳等に類する物品の範囲）

　措置法令第37条の5第2項第一号に規定する「これらに類する物品」とは、多数の者に配付することを目的とし主として広告宣伝的効果を意図する物品でその価額が少額であるものとする。

4-9 グループ法人全体のために支出した交際費等

Q

当社は製造業を営む法人で、関連法人5社を有するグループ法人を形成しています。また、グループ法人の株主は当社の社長であり、関連法人の社長も兼務しています。

ところで、社長がグループ法人全体のために得意先等を接待した場合、当該交際費等について、グループを構成する法人への負担の帰属や配分方法などは、税務上、どのように考えればよいのでしょうか。

Point

グループ法人全体のために支出した交際費等について、グループを構成する法人間でどのような方法で費用配分すればよいのか、これには画一的な方法はありません。しかし、どのような方法を採用するにしても、「恣意性の排除（客観性の確保）」と「継続性の原則」の視点を忘れてはいけません。

A

貴社の社長がグループ法人全体のために支出した交際費等については、例えば、各法人の年間の売上高や営業利益等を基準に配分する方法や、交際費等の支出により売上げに直接的に結び付いた法人に帰属させる方法などのうち、グループ法人全体として最も合理的と考えられる配分方法を採用しなければなりません。

解説

グループ法人全体を束ねる社長が支出した交際費等であっても、グループ法人を構成する特定の法人に帰属すべきことが明確な場合には、その法人が交際費等を負担するというのは当然です。

しかし、グループ法人の事業内容や構成等によっては、その関連性が必ずしも明確では

なく、支出した交際費等を特定の法人のみに帰属させることが容易でないケースもあります。

　そこで、このような場合に、グループ法人全体のために支出した交際費等を具体的にどのような方法でグループを構成する法人に帰属させるべきかという、費用配分の方法論について疑義が生じます。

　この点、一概にその方法を示すことはできませんが、例えば、

①　各法人の年間の売上高や営業利益等を基準に配分する

②　売上げに直接的に結び付いた法人に帰属させる

③　企業グループの基幹となる法人にのみ帰属させる

④　グループを構成する法人間で均等配分する

などのうち、グループ法人全体の実態を適切に反映した最も合理的と考えられる方法により費用配分することが妥当であると考えます。

　なお、いずれの費用配分の方法を採用するにしても、「恣意性の排除（客観性の確保）」と「継続性の原則」という視点を忘れてはいけません。なぜなら、税務調査ではこの視点を基に費用配分の是非をチェックするからです。この視点に配意しつつ、グループ法人全体の見地から適切と認められる方法で配分することが、後々の税務調査でのトラブルを回避することにも繋がるものと考えます。

第4章 その他の費用・損失

4-10 近所の知人に対する謝礼

Q

当社は、不動産仲介業を営んでいます。近所に住む知人（不動産関係の業を行っている者ではない）からの情報提供により、不動産仲介の契約が成立したことから、知人に対して金一封（5万円）を謝礼として支払いました。

この謝礼は、情報提供料として費用処理してもよいでしょうか。なお、当社と知人との間で、何ら契約書等は結んでおりません。

Point

税務上の交際費等ではなく、情報提供料として費用処理するためには、租税特別措置法関係通達61の4（1）-8における「正当な対価の支払」の3つの要件をクリアする必要があります。

A

貴社が知人に対して支払う謝礼は、税務上の交際費等に該当します。

解説

1 制度の概要

情報提供料等と交際費等との区分については、租税特別措置法関係通達61の4（1）-8において規定されています。

すなわち、情報提供料等の支払いが、取引に関する情報提供等を行うことを業としていない者に対する金品の交付であって、金品の交付が「正当な対価の支払」と認められるものであれば、税務上の交際費等には該当せず、情報提供料等とできます。

また、上記の「正当な対価の支払」となるためには、同通達において、

① 金品の交付があらかじめ締結された契約に基づくものである

② 役務内容が契約において具体的に明らかにされており、かつ、これに基づいて実際に

153

役務提供を受けている

③　交付した金品の価額が提供を受けた役務内容に照らし相当と認められる

といった３つの要件を満たさなければならないこととされています。

2 当該事例の考え方

　当該事例においては、知人は不動産関係の業を行っている者ではなく、また、貴社と知人の間で何ら契約書等は結んでいないとのことですので、知人に対する謝礼は、少なくとも **1** ①及び②の要件を満たしておらず、正当な対価の支払とは認められません。

　したがって、知人に対する謝礼は、税務上、情報提供料ではなく交際費等に該当することとなります。

租税特別措置法関係通達61の４（１）－8（情報提供料等と交際費等との区分）

　法人が取引に関する情報の提供又は取引の媒介、代理、あっせん等の役務の提供（以下61の４（１）－8において「情報提供等」という。）を行うことを業としていない者（当該取引に係る相手方の従業員等を除く。）に対して情報提供等の対価として金品を交付した場合であっても、その金品の交付につき例えば次の要件の全てを満たしている等その金品の交付が正当な対価の支払であると認められるときは、その交付に要した費用は交際費等に該当しない。

（1）　その金品の交付があらかじめ締結された契約に基づくものであること。

（2）　提供を受ける役務の内容が当該契約において具体的に明らかにされており、かつ、これに基づいて実際に役務の提供を受けていること。

（3）　その交付した金品の価額がその提供を受けた役務の内容に照らし相当と認められること。

4-11 租税公課等の損金算入の可否

Q 法人が支払う租税公課等のうち、「損金算入のもの」と「損金不算入のもの」の区分について、誤りやすいものがありましたら教えてください。

Point

法人税法上、租税公課等の一部は、損金不算入となります。

A

租税公課等の損金算入の可否について、比較的誤りやすいものとしては次のとおりです。

損 金 算 入 の も の	損 金 不 算 入 の も の
消費税及び地方消費税（税込経理方式の場合）	法人税
所得税（法人税から控除しないもの）	所得税（法人税から控除又は還付されるもの）
利子税	国税に係る延滞税、加算税、過怠税
事業税、都市計画税、自動車税	地方税の本税（利子割額を含む）
納期限延長の場合の延滞金	地方税に係る延滞金、加算金
固定資産税（延滞に伴う督促手数料を含む）	固定資産税の延滞金
外国法人税に課された加算税、延滞税	罰金、科料、特定の法律に基づく課徴金及び延滞金
労働保険又は社会保険等の追徴金及び延滞金	交通反則金（業務中のものに限る。国内外のものを問わない）

解説

租税公課等については、会計上はその金額を費用に計上しますが、税務上は、法人税や法人住民税の本税、加算税などは、損金不算入とされています（法法38、40、41、55など）。

155

また、租税公課等のうち、税務上の取扱いとして誤りやすいものについては、Ａに示したとおりですが、その中でも特に、

① 　所得税は、法人税から控除するかしないかによって取扱いが異なること

② 　地方税の延滞金は、納期限延長の場合か否かによって取扱いが異なること

③ 　固定資産税に係る延滞金と延滞に伴う督促手数料とは取扱いが異なること

④ 　加算税等は、国内外のいずれで課されたかによって取扱いが異なること

⑤ 　社会保険等の延滞金は、国税の延滞税や地方税の延滞金とは取扱いが異なること

に留意すべきです。

法人税法第38条（法人税額等の損金不算入）

　内国法人が納付する法人税の額及び地方法人税の額は、第一号から第三号までに掲げる法人税の額及び第四号から第六号までに掲げる地方法人税の額を除き、その内国法人の各事業年度の所得の金額の計算上、損金の額に算入しない。

法人税法第40条（法人税額から控除する所得税額の損金不算入）

　内国法人が第68条第１項（所得税額の控除）に規定する所得税の額につき同項又は第78条第１項（所得税額等の還付）若しくは第133条第１項（更正等による所得税額等の還付）の規定の適用を受ける場合には、これらの規定による控除又は還付をされる金額に相当する金額は、その内国法人の各事業年度の所得の金額の計算上、損金の額に算入しない。

法人税法第41条（法人税額から控除する外国税額の損金不算入）

　内国法人が第69条第１項（外国税額の控除）に規定する控除対象外国法人税の額につき同条又は第78条第１項（所得税額等の還付）若しくは第133条第１項（更正等による所得税額等の還付）の規定の適用を受ける場合には、当該控除対象外国法人税の額は、その内国法人の各事業年度の所得の金額の計算上、損金の額に算入しない。

> 第4章 | その他の費用・損失

法人税法第55条（不正行為等に係る費用等の損金不算入）

　内国法人が、その所得の金額若しくは欠損金額又は法人税の額の計算の基礎となるべき事実の全部又は一部を隠蔽し、又は仮装することによりその法人税の負担を減少させ、又は減少させようとする場合には、当該隠蔽仮装行為に要する費用の額又は当該隠蔽仮装行為により生ずる損失の額は、その内国法人の各事業年度の所得の金額の計算上、損金の額に算入しない。

4-12	ゴルフ会員権に係る貸倒損失と 貸倒引当金

Q

当社が保有する預託金制のゴルフ会員権について、今般、ゴルフ場経営会社が民事再生法による再生手続開始の申立てを行いました。この場合、貸倒損失の計上や貸倒引当金の繰入れは可能でしょうか。なお、当社は、期末資本金が1億円以下の中小法人です。

Point

預託金制のゴルフ会員権に係る貸倒損失の計上や貸倒引当金の繰入れについては、退会の届出をしたかどうかやゴルフ場経営会社がどのような状況にあるのかなどによって、その取扱いが相違します。

A

貴社が退会の届出をした場合には貸倒損失や貸倒引当金の対象とすることができますが、退会の届出をしていない場合には貸倒損失や貸倒引当金の対象とすることはできません。

解説

1 制度の概要

ゴルフ会員権はゴルフクラブの会員としての契約上の地位であり、預託金制とは入会に当たってゴルフ場経営会社に預託金を支払い、退会によって会員に返還されるというものです。

この預託金は、会計的にも税務的にも、通常、ゴルフ会員権として無形固定資産に計上するとともに、将来的に返還されるものであることから、減価償却費の計上は行いません。

また、退会の届出、預託金の一部切捨て、破産手続開始の決定等に基づき預託金返還請

求権の全部又は一部が顕在化した場合には、その顕在化した部分については、貸倒損失及び貸倒引当金の対象とすることができることとされています（法基通9-7-12（注））。

2 当該事例の考え方

当該事例においては、ゴルフ場経営会社は民事再生法による再生手続開始の申立てが行われたとのことですが、この再生手続は、破産手続とは異なり再建型の倒産処理手続ですので、会員としての地位が当然に解除されるわけではなく、預託金返還請求権が顕在化したものとはいえません。

したがって、貴社が保有するゴルフ会員権については、退会の届出をした場合には貸倒損失や貸倒引当金の対象とすることができますが、退会の届出をしていない場合には貸倒損失や貸倒引当金の対象とすることはできません。

なお、民事再生法による再生手続開始の決定等により、預託金の全部又は一部が切り捨てられた場合には、預託金返還請求権の全部又は一部が顕在化したものとして、貸倒損失や貸倒引当金の対象とすることができます。

法人税基本通達9-7-12（資産に計上した入会金の処理）

法人が資産に計上した入会金については償却を認めないものとするが、ゴルフクラブを脱退してもその返還を受けることができない場合における当該入会金に相当する金額及びその会員たる地位を他に譲渡したことにより生じた当該入会金に係る譲渡損失に相当する金額については、その脱退をし、又は譲渡をした日の属する事業年度の損金の額に算入する。

（注） 預託金制ゴルフクラブのゴルフ会員権については、退会の届出、預託金の一部切捨て、破産手続開始の決定等の事実に基づき預託金返還請求権の全部又は一部が顕在化した場合において、当該顕在化した部分については、金銭債権として貸倒損失及び貸倒引当金の対象とすることができることに留意する。

4-13 保険料に係る短期前払費用の取扱い

Q

　当社は2月決算法人ですが、以前より法人契約による定期保険に加入しています。この定期保険の当初契約は、×1年2月であり、以後毎年2月27日に向こう1年分を前払いする契約（当社の取引銀行口座からの自動引き落とし）となっています。

　また、この保険料については、×1年2月期及び×2年2月期ともに、法人税基本通達2－2－14（短期前払費用）により、保険料を支払った期においてその全額を費用に計上しています。

　ところが、×3年2月期においては、銀行口座からの引き落とし日が×3年2月27日（土）と銀行の休業日であったことから、実際に取引銀行口座から引き落としとなったのは、翌×4年2月期の×3年3月1日でした。

　このような場合、×3年3月1日に支払った保険料は、×3年2月期の費用として計上できるのでしょうか。

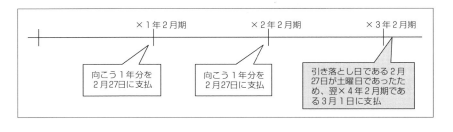

Point

　短期前払費用を認める法人税基本通達2－2－14では、実際に支払っていることが要件のひとつとされており、当該事例において、この点をどのように考えるのかがポイントです。

A

貴社が×3年3月1日に支払った保険料については、継続性の原則及び重要性の原則の観点から、会計処理全体として整合性が保たれているなどと認められる場合には、従来どおり短期前払費用として、×3年2月期の費用に計上できるものと考えます。

解 説

1 制度の概要

あらかじめ金銭を支払った上で、将来に向かって一定の期間を保険期間として保障する保険料については、本来、支払った日の帰属する事業年度でその全額を費用に計上するのではなく、当該保険契約の効力の及ぶ期間に応じて合理的に費用配分し、その効力が帰属する事業年度においてそれぞれ費用に計上されるべきです。

しかし、保険契約の自動更新など、以後の保険加入と保険料の支払いが継続的に見込まれるような場合には、継続性の原則と重要性の原則から、短期前払費用として支払った日の属する事業年度にその全額を費用に認めることとされています（法基通2－2－14）。これは、前払費用として会計処理すべきものを支払った日の属する事業年度に費用としてその全額を計上できるという、会計の世界にはない税務特有の宥恕規定であるといえます。

なお、この通達を利用して恣意的に課税所得の調整等が行われることを防止する観点から、通達にいくつかの要件が示されており、そのひとつに、当該事業年度に実際に支払っていることが求められています。

2 当該事例の考え方

当該事例における保険料については、1で述べたように、×3年2月期において実際に支払われていない以上、短期前払費用として×3年2月期の費用に計上することは本来できないものといえます。

しかしながら、継続性の原則及び重要性の原則の観点から、例えば、保険料だけではなく本来2月27日に取引銀行口座から自動引き落としとなる予定であった全ての支払分について、取引日を2月27日に統一するなど、会計処理全体として整合性が保たれていると認められる場合には、経営者等による恣意性が排除され、利益操作等の課税上の弊害も認められないことから、従来どおり短期前払費用として×3年2月期の費用に計上できるものと考えます。

法人税基本通達 2−2−14（短期の前払費用）

　前払費用の額は、当該事業年度の損金の額に算入されないのであるが、法人が、前払費用の額でその支払った日から１年以内に提供を受ける役務に係るものを<u>支払った場合</u>において、その<u>支払った額</u>に相当する金額を継続してその<u>支払った日</u>の属する事業年度の損金の額に算入しているときは、これを認める。

（注）　例えば借入金を預金、有価証券等に運用する場合のその借入金に係る支払利子のように、収益の計上と対応させる必要があるものについては、後段の取扱いの適用はないものとする。

第4章 その他の費用・損失

4-14 休止中の電話加入権の評価損

Q 当社は、数年前に休止の手続をした電話加入権を有していますが、現在の相場はかなり低い状態です。
そこで、この電話加入権については、法人税法施行令第68条第1項第三号ロ「1年以上にわたり遊休状態にあること」により、固定資産の評価損として計上したいと考えているのですが、この考え方で税務上問題はないでしょうか。

Point

休止中の電話加入権は、固定資産の評価損を計上できる要件のひとつである「1年以上にわたり遊休状態にあること」(法令68①三ロ)には該当しません。

A

貴社が有する電話加入権は、固定資産の評価損を計上できません。

解 説

1 制度の概要

無形固定資産である電話加入権を含む固定資産については、税務上、評価損を計上することが原則として認められておらず、一定の要件に該当する場合に限ってその計上が認められています（法法33①②）。

この固定資産の評価損が認められる場合とは、具体的には次の事実です（法令68①三）。
① 災害により著しく損傷したこと。
② 1年以上にわたり遊休状態にあること。
③ 本来の用途に使用することができないため他の用途に使用されたこと。

④ 所在する場所の状況が著しく変化したこと。

⑤ 上記に準ずる特別の事実が発生したこと。

なお、②の遊休状態とは、一般的には、本来の利用目的のために全く利用されていない、又は稼働していない状態をいいます。

2 当該事例の考え方

休止中の電話加入権については、あくまでも契約者である貴社自らの意思に基づき休止の手続をしているものであって、**1**②の遊休状態にあるわけではありません。

したがって、休止中の電話加入権の相場が低下したからといって、固定資産の評価損の計上をするということは税務上認められません。仮に休止中の電話加入権について、いわゆる含み損失を実現するためには、電話加入権の解約又は売却が必要となります。

また、法人税基本通達では、固定資産の評価損を計上できる例示として9-1-16が、固定資産の評価損を計上できない例示として9-1-17が示されています。

法人税法第33条（資産の評価損の損金不算入等）

1　内国法人がその有する資産の評価換えをしてその帳簿価額を減額した場合には、その減額した部分の金額は、その内国法人の各事業年度の所得の金額の計算上、損金の額に算入しない。

2　内国法人の有する資産につき、災害による著しい損傷により当該資産の価額がその帳簿価額を下回ることとなったことその他の政令で定める事実が生じた場合において、その内国法人が当該資産の評価換えをして損金経理によりその帳簿価額を減額したときは、その減額した部分の金額のうち、その評価換えの直前の当該資産の帳簿価額とその評価換えをした日の属する事業年度終了の時における当該資産の価額との差額に達するまでの金額は、前項の規定にかかわらず、その評価換えをした日の属する事業年度の所得の金額の計算上、損金の額に算入する。

第4章｜その他の費用・損失

法人税法施行令第68条第1項（資産の評価損の計上ができる事実）

　法第33条第2項（特定の事実が生じた場合の資産の評価損の損金算入）に規定する政令で定める事実は、物損等の事実（次の各号に掲げる資産の区分に応じ当該各号に定める事実であつて、当該事実が生じたことにより当該資産の価額がその帳簿価額を下回ることとなったものをいう。）及び法的整理の事実（更生手続における評定が行われることに準ずる特別の事実をいう。）とする。

三　固定資産　次に掲げる事実

　イ　当該資産が災害により著しく損傷したこと。

　ロ　当該資産が1年以上にわたり遊休状態にあること。

　ハ　当該資産がその本来の用途に使用することができないため他の用途に使用されたこと。

　ニ　当該資産の所在する場所の状況が著しく変化したこと。

　ホ　イからニまでに準ずる特別の事実

法人税基本通達9−1−16（固定資産について評価損の計上ができる「準ずる特別の事実」の例示）

　令第68条第1項第3号ホ《固定資産の評価損の計上ができる事実》に規定する「イからニまでに準ずる特別の事実」には、例えば、法人の有する固定資産がやむを得ない事情によりその取得の時から1年以上事業の用に供されないため、当該固定資産の価額が低下したと認められることが含まれる。

法人税基本通達9−1−17（固定資産について評価損の計上ができない場合の例示）

　法第33条第2項《資産の評価換えによる評価損の損金算入》の規定により固定資産の評価損が損金の額に算入されるのは、当該固定資産について令第68条第1項《資産の評価損の計上ができる事実》に規定する事実がある場合に限られるのであるから、当該固定資産の価額の低下が次のような事実に基づく場合には、法第33条第2項の規定の適用がないことに留意する。

(1)　過度の使用又は修理の不十分等により当該固定資産が著しく損耗していること。

(2)　当該固定資産について償却を行わなかったため償却不足額が生じていること。

(3)　当該固定資産の取得価額がその取得の時における事情等により同種の資産の価額に比して高いこと。

(4)　機械及び装置が製造方法の急速な進歩等により旧式化していること。

第5章

グループ法人税制・連結納税制度

5-1 グループ法人税制・連結納税・連結会計の概要

Q

当社のグループは、子法人及び関係法人を含む企業集団を形成しています。

そこで、企業集団を形成する上で税務や会計の面から留意しておくべき制度として、グループ法人税制、連結納税及び連結会計があると聞きましたが、これらの制度について当社として何か留意すべき点がありましたら教えてください。なお、当社のグループは、会社法上の大会社ではなく、上場会社でもありません。

Point

企業集団を形成する場合に、税務及び会計の視点から理解しておくべき制度として、①グループ法人税制、②連結納税、③連結会計の3つの制度がありますが、当該事例は、これらの概要と主な相違点等を整理したものです。

A

貴社のグループは、会社法上の大会社ではなく、上場会社でもありませんので、原則として、連結会計を採用する必要はありません。また、連結納税については、100％の完全支配関係を有する法人を有する場合に自ら選択して適用する制度ですので、連結納税を申請し承認されていない限り適用はできません。

したがって、貴社のグループで最も留意すべき制度は、完全支配関係を有する法人との間で譲渡損益調整資産の譲渡があった場合にその譲渡損益を繰り延べるなどの制度であるグループ法人税制といえます。

解説

グループ法人税制、連結納税及び連結会計の制度の概要等は、以下のとおりです。

1 法人全体からみた3つの制度のイメージ図

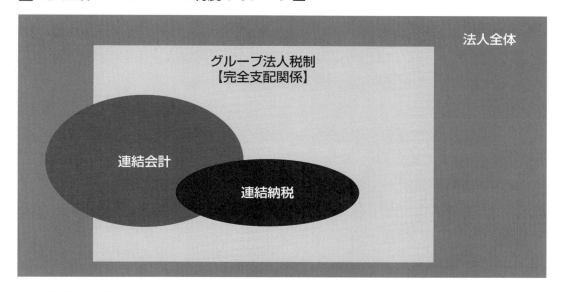

　企業集団を構成する場合において、法人全体からみて、これら3つの制度にどのような関係性があるのかということについて、概念的なイメージ図で示したものが上の図です。

　まず、法人全体からみると、100％の完全支配関係がある場合に適用されるグループ法人税制が、最も外枠の大きな位置を占めます（法法61の13など）。これは、企業集団の資本金や事業規模にかかわらず、完全支配関係があれば強制適用される制度だからです。したがって、貴社のグループにおいては、この制度が適用される場面に十分留意しておく必要があります。

　次に、連結納税は、完全支配関係を有する企業集団のうち、自ら適用を申請し承認された場合にのみ適用される制度ですので、グループ法人税制の枠内に位置することになります（法法4の3など）。

　また、連結会計は、税制ではなく会計基準です（連結財務諸表に関する会計基準（企業会計基準第22号））。この連結会計が強制されるのは、一般にいわゆる上場会社等を親会社とする大規模な企業集団ですので、法人全体からみると、企業集団の中で完全支配関係を有していればグループ法人税制が適用される場合もあり、自ら適用を申請し承認されれば連結納税を適用できる場合もあるということで、両制度に重なる位置に存在します。

2 制度の概要と主な相違点等

　グループ法人税制、連結納税及び連結会計の3つの制度について、その概要と主な相違点等を簡潔に整理したものが次の表です。

	グループ法人税制	連結納税	連結会計
概　要	完全支配関係を有する法人間で譲渡損益調整資産の譲渡があった場合に、その譲渡損益の計上を繰り延べる	グループ全体をひとつの納税単位として、法人税の申告や納税を行う	企業集団をひとつの企業と考えて、財務諸表を作成する
対　象	個人及び法人による完全支配関係がある内国法人	親法人と完全支配関係がある内国法人	支配力基準に基づく子会社及び関連会社
強　制OR選　択	強制適用	選択適用	強制される場合と選択できる場合があるなお、大会社（会社法）及び上場会社等（金融商品取引法）は強制
集団内の取引の損益	譲渡損益調整資産に係る譲渡損益のみを繰り延べる		内部取引を相殺消去するほか、未実現利益も消去する
性　格	法的事業体である単体課税を重視する税務の中で、経済的実態を重視するもの	法的事業体の考え方に基づき、税負担の公平性やバランスを重視するもの	経済的実態を重視して、企業集団全体をひとつの企業として考えるもの

法人税法第61条の13第１項（完全支配関係がある法人の間の取引の損益）

　内国法人（普通法人又は協同組合等に限る。）がその有する譲渡損益調整資産（固定資産、土地（土地の上に存する権利を含み、固定資産に該当するものを除く。）、有価証券、金銭債権及び繰延資産で政令で定めるもの以外のものをいう。）を他の内国法人（当該内国法人との間に完全支配関係がある普通法人又は協同組合等に限る。）に譲渡した場合には、当該譲渡損益調整資産に係る譲渡利益額（その譲渡に係る対価の額が原価の額を超える場合におけるその超える部分の金額をいう。）又は譲渡損失額（その譲渡に係る原価の額が対価の額を超える場合におけるその超える部分の金額をいう。）に相当する金額は、その譲渡した事業年度の所得の金額の計算上、損金の額又は益金の額に算入する。

第5章 グループ法人税制・連結納税制度

5-2 完全支配関係の意義

Q

　当社は、グループ法人税制の適用対象となる完全子法人を数社有するグループ法人の親法人です。

　現在、持株割合が100％の完全子法人Ａ社について、仮に、持株数の１％相当額を当社のグループとは資本関係や取引関係のない第三者に譲渡して持株割合が99％となった場合には、Ａ社は当社のグループ法人税制の適用対象から外れるのでしょうか。

Point

　グループ法人税制が強制適用される完全支配関係の「完全」とは、文字どおり、支配関係が完全であるというものです。

A

　貴社のＡ社に対する持株割合が99％ということは完全支配関係とはいえませんので、Ａ社は貴社のグループ法人税制の適用対象から外れます。

解 説

1 制度の概要

　グループ法人税制（法法61の13）が強制適用される「完全支配関係」とは、

① 　当事者間の完全支配の関係（直接完全支配関係）

② 　一の者との間に当事者間の完全支配の関係がある法人相互の関係（間接完全支配関係）

をいいます（法法２十二の七の六）。

　①の「当事者間の完全支配の関係」とは、直接完全支配関係ともいわれ、具体的には、一の者が、法人の発行済株式等の全部を保有する場合における一の者と当該法人との間の

171

関係のことです（法令4の2②）。

　また、②の「一の者との間に当事者間の完全支配の関係がある法人相互の関係」とは、間接完全支配関係ともいわれ、具体的には、一の者及びこれとの間に直接完全支配関係がある法人又は一の者との間に直接完全支配関係がある法人が他の法人の発行済株式等の全部を保有するときに、一の者は他の法人の発行済株式等の全部を保有するものとみなすというものです（法令4の2②）。

2 当該事例の考え方

　当該事例においては、完全子法人A社に対する持株数のうち1％相当額の株式を当社のグループとは資本関係や取引関係のない第三者に譲渡するとのことですので、その結果、貴社のA社に対する持株割合は99％となり、貴社とA社との間には、**1**で述べた直接又は間接のいずれの完全支配関係も存在しないこととなります。

　したがって、A社は貴社のグループ法人税制の適用対象から外れます。

（注）　株式譲渡等の一連の行為が、法人税の負担を不当に減少させる結果となると認められる場合には、同族会社等の行為又は計算の否認等の規定により、その株式譲渡そのものが課税当局によって否定され、グループ法人税制の適用対象となることもあり得ます（法法132、132の2）。

法人税法第2条十二の七の六（定義）

<u>完全支配関係</u>　一の者が法人の発行済株式等の全部を直接若しくは間接に保有する関係として政令で定める関係又は一の者との間に当事者間の完全支配の関係がある法人相互の関係をいう。

法人税法施行令第4条の2第2項（支配関係及び完全支配関係）

　法第2条第十二号の七の六に規定する政令で定める関係は、一の者（その者が個人である場合には、その者及びこれと前条第1項に規定する特殊の関係のある個人）が法人の発行済株式等（発行済株式（自己が有する自己の株式を除く。）の総数のうちに次に掲げる株式の数を合計した数の占める割合が100分の5に満たない場合の当該株式を除く。以下この項において同じ。）の全部を保有する場合における当該一の者と当該法人との間の関係（以下この項において「直接完全支配関係」という。）とする。この場合において、当該一の者及びこれとの間に直接完全支配関係がある一若しくは二以上の法人又は当該一の者との間に直接完全支配関係がある一若しくは二以上の法人が他の法人の発行済株式等の全部を保有するときは、当該一の者は当該他の法人の発行済株式等の全部を保有するものとみなす。

第5章 グループ法人税制・連結納税制度

5-3 同族関係者等の範囲

Q

当社は、不動産業を数社営むグループ法人の親会社です。他の全ての法人の代表取締役も親法人の代表取締役と同一であり、また、グループ法人全社の株式は代表取締役及び代表取締役の親族等で保有しています。

ところで、グループ法人税制における完全支配関係の判定に当たっては、当社のように一の者が個人である場合、その個人のほかに、その者の使用人も含まれるとのことですが、この使用人には、グループ各社の従業員が含まれるのでしょうか。

Point

完全支配関係の判定、同族会社の判定及び非営利型法人の判定における「その者（株主等）の使用人」とは、その株主個人としての使用人である家事使用人や運転手等をいいます。

A

完全支配関係の判定に当たって、一の者に含まれる「その者の使用人」には、一の者が代表取締役を務める法人の従業員は含まれません。

解 説

1 制度の概要

グループ法人税制における完全支配関係とは、一の者が法人の発行済株式等の全部を有する場合における、その一の者とその法人との関係をいいます（法法２十二の七の六）。

また、一の者が個人である場合には、その者及び次の者が一の者とされます（法令４の２②、４①）。

① その者の親族

173

② 　その者と婚姻の届出をしていないが事実上婚姻関係と同様の事情にある者

③ 　その者の使用人

④ 　①から③以外の者で、その者から受ける金銭その他の資産によって生計を維持しているもの

⑤ 　②から④に掲げる者と生計を一にするこれらの者の親族

2 当該事例の考え方

　当該事例の問題意識は、完全支配関係の判定に当たって、■③の「その者の使用人」にグループ全社の従業員が含まれるのか否かという点です。

　確かに、法令上、「使用人」そのものの定義はなく、代表取締役からみれば、グループ各社の全従業員は代表取締役の使用人であるという見方もできなくはないかもしれません。

　この点、仮に「その者の使用人」ではなく、「その者が代表を務める法人の使用人」などと規定されていれば、グループ全社の全従業員を表しているともいえますが、あくまでも「その者の使用人」と規定されている以上、「その者の使用人」とは、その者個人としての使用人、具体的には家事使用人や運転手等をいうものと考えます。

　したがって、完全支配関係の判定に当たって、一の者に含まれる「その者の使用人」には、一の者が代表取締役を務める法人の従業員は含まれないということになります。

　なお、同族会社の判定（法法２十、法令４①三）や、非営利型法人の判定（法法２九の二、法令３①四、３②七、法規２の２①四）に当たっても、これと同様の考え方となります。

法人税法施行令第４条の２第２項（支配関係及び完全支配関係）

　法第２条第十二号の七の六に規定する政令で定める関係は、<u>一の者（その者が個人である場合には、その者及びこれと前条第１項に規定する特殊の関係のある個人）</u>が法人の発行済株式等の全部を保有する場合における当該一の者と当該法人との間の関係とする。

第5章 グループ法人税制・連結納税制度

法人税法施行令第4条第1項（同族関係者の範囲）

　法第2条第十号（同族会社の意義）に規定する政令で定める特殊の関係のある個人は、次に掲げる者とする。

一　株主等の親族

二　株主等と婚姻の届出をしていないが事実上婚姻関係と同様の事情にある者

三　株主等（個人である株主等に限る。次号において同じ。）の使用人

四　前三号に掲げる者以外の者で株主等から受ける金銭その他の資産によつて生計を維持しているもの

五　前三号に掲げる者と生計を一にするこれらの者の親族

5-4 譲渡損益調整資産の範囲

Q

次のものは、グループ法人税制の下で、譲渡損益調整資産となりますか。
（1） 所有権移転外リース取引により取得した機械
（2） 保険積立金

Point

完全支配関係がある法人間で譲渡損益調整資産を譲渡した場合には、その譲渡損益はなかったものとされます。

A

所有権移転外リース取引により取得した機械及び保険積立金ともに、原則として、譲渡損益調整資産となります。

解 説

■ 制度の概要

完全支配関係のある法人（普通法人又は協同組合等に限る。）間で、譲渡損益調整資産を譲渡した場合には、当該譲渡損益調整資産に係る譲渡利益額又は譲渡損失額はなかったものとされます（法法61の13①）。これは、グループ法人税制と呼ばれる取扱いの中でも、実務上最も留意すべきものです。

この譲渡損益調整資産とは、固定資産、土地（土地の上に存する権利を含み、固定資産に該当するものを除く。）、有価証券、金銭債権及び繰延資産のうち、売買目的有価証券、譲受法人において売買目的有価証券とされる有価証券及び譲渡直前の帳簿価額が1,000万円に満たない資産を除いたものとされています（法法61の13①、法令122の14①一〜三）。

なお、譲渡直前の帳簿価額が1,000万円に満たない資産か否かを判定するに当たっての

176

単位については、例えば、構成及び装置であれば一の生産設備又は一台若しくは一基ごとに、また、その他の資産であれば通常の取引の単位を基準として区分した単位とされています（法規27の13の3、27の15①）。

2 当該事例の考え方

まず、所有権移転外リース取引により取得した機械についてですが、譲渡損益調整資産である固定資産には減価償却資産が含まれます（法法2二十二、法令12）。そして、減価償却資産にはファイナンスリースにより取得したリース資産（所有権移転リース取引及び所有権移転外リース取引）が含まれます（法法2二十三、法令13、法法64の2）。したがって、所有権移転外リース取引で取得した機械は、一台当たりの譲渡直前の帳簿価額が1,000万円に満たない場合を除いて、譲渡損益調整資産となります。

次に、保険積立金については、それが固定資産に分類されるものであれば、通常の取引の単位を基準として区分した単位ごとに譲渡直前の帳簿価額が1,000万円に満たない場合を除いて、譲渡損益調整資産となります。

法人税法第61条の13第1項（完全支配関係がある法人の間の取引の損益）

内国法人がその有する譲渡損益調整資産（固定資産、土地（土地の上に存する権利を含み、固定資産に該当するものを除く。）、有価証券、金銭債権及び繰延資産で政令で定めるもの以外のものをいう。）を他の内国法人に譲渡した場合には、当該譲渡損益調整資産に係る譲渡利益額又は譲渡損失額に相当する金額は、その譲渡した事業年度の所得の金額の計算上、損金の額又は益金の額に算入する。

法人税法施行令第122条の14第1項（完全支配関係がある法人の間の取引の損益）

法第61条の13第1項に規定する政令で定めるものは、次に掲げる資産とする。
一　法第61条の3第1項第一号（売買目的有価証券の評価益又は評価損の益金又は損金算入等）に規定する売買目的有価証券（次号及び第四項第六号において「売買目的有価証券」という。）
二　その譲渡を受けた他の内国法人（法第61条の13第1項の内国法人との間に完全支配関係があるものに限る。以下この条において同じ。）において売買目的有価証券とされる有価証券（前号又は次号に掲げるものを除く。）
三　その譲渡の直前の帳簿価額（その譲渡した資産を財務省令で定める単位に区分した後のそれぞれの資産の帳簿価額とする。）が1,000万円に満たない資産（第一号に掲げるものを除く。）

法人税法施行規則第27条の13の3 （完全支配関係がある法人の間の取引に係る譲渡損益調整資産の単位）

　　令第122条の14第１項第三号に規定する財務省令で定める単位は、第27条の15第１項各号に掲げる資産の区分に応じ当該各号に定めるところにより区分した後の単位とする。

法人税法施行規則第27条の15第１項 （特定資産に係る譲渡等損失額の損金不算入）

　　令第123条の８第３項第四号に規定する財務省令で定める単位は、次の各号に掲げる資産の区分に応じ当該各号に定めるところにより区分した後の単位とする。

二　減価償却資産　次に掲げる区分に応じそれぞれ次に定めるところによる。

　ロ　機械及び装置　一の生産設備又は一台若しくは一基ごとに区分するものとする。

五　その他の資産　通常の取引の単位を基準として区分するものとする。

5-5 譲渡損益調整資産の低額譲渡

Q

当社は、子法人A及び子法人Bと完全支配関係を有する企業グループを形成していますが、今般、グループ法人税制が適用される土地（譲渡損益調整資産）について、以下の取引概要図のとおり、子法人Aから子法人Bへ低額譲渡（時価120、簿価100の土地を100で譲渡）しました。

この場合における子法人Aと子法人Bにおける税務上の調整はどのようになるのでしょうか。

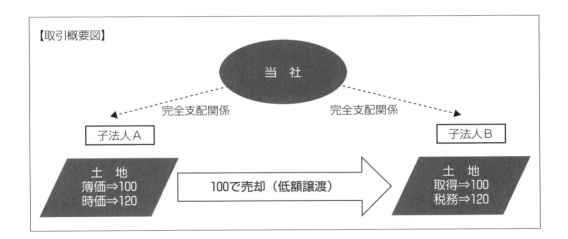

Point

譲渡損益調整資産に係る譲渡損益額は、実際の取引価額により求めた損益額ではなく、あくまで譲渡時の時価をベースとして求めた損益額です（法基通12の4－1－1）。

A

子法人A及びBにおける会計上の仕訳及び税務上の調整は、次のとおりです。

区　分	子法人A（譲渡法人）				子法人B（譲受法人）			
	借　方		貸　方		借　方		貸　方	
	科目	金額	科目	金額	科目	金額	科目	金額
会計上の仕訳	現　金	100	土　地	100	土　地	100	現　金	100
税務上の調整	寄附金	20	土地譲渡益	20	土　地	20	受贈益	20
	寄附金の損金不算入額	20	社外流出	20	受贈益の益金不算入額	20	社外流出	20
	譲渡損益調整勘定繰入額	20	譲渡損益調整勘定	20				

なお、貴社においても、次のとおりA株式20をB株式20に振替修正します。

区　分	借　方		貸　方	
	科目	金額	科目	金額
税務上の調整	B株式	20	A株式	20

解　説

1 子法人A（譲渡法人）における税務上の調整

① 寄附金　20／土地譲渡益　20

時価120の土地を100で譲渡したことから、税務上は120で譲渡したものと考えて、時価と簿価との差額20は子法人Bに対する寄附金とみなします（法法37⑦⑧）。

② 寄附金の損金不算入額　20／社外流出　20

①の寄附金については、法人間における完全支配関係の下での取引ですので、その全額が損金不算入となります（法法37②）。

③ 譲渡損益調整勘定繰入額　20／譲渡損益調整勘定　20

①の土地譲渡益20は、譲渡時の時価をベースに求めた譲渡損益調整資産に係る譲渡利益額です（法基通12の4-1-1）。したがって、子法人Bが再度譲渡するなど一定の事

第5章 グループ法人税制・連結納税制度

由が生じるまでの間は、税務上はその譲渡利益額はなかったものと考えますので、譲渡利益額と同額の20を譲渡損益調整勘定繰入額として損金に計上します（法法61の13①）。

2 子法人B（譲受法人）における税務上の調整

① 土地 20／受贈益 20

時価120の土地を100で取得したことから、税務上は120で取得したものと考えます。したがって、時価と簿価との差額20は、子法人Aからの受贈益とみなします（法法22②）。

② 受贈益の益金不算入額 20／社外流出 20

①の受贈益については、法人間における完全支配関係の下での取引ですので、その全額が益金不算入額となります（法法25の2）。

3 貴社における税務上の調整（B株式 20／A株式 20）

完全支配関係がある法人の間の取引について、寄附金の損金不算入（法37②）及び受贈益の益金不算入（法法25の2）が生ずる場合には、子法人株式の帳簿価額を修正します（法令9①七、119の3⑥、119の4）。これは、資産の低額譲渡等に伴って、子法人株式の価値も増減すると考えるからです。

したがって、寄附金の損金不算入額20が生じたA株式20を、そのまま受贈益の益金不算入額20が生じたB株式20に振り替えることになります。

以上、法人による完全支配関係の下で、譲渡損益調整資産を低額譲渡した場合であっても、税務上は、いわばグループ法人全体をひとつの企業集団と考えて、結果的に内部取引で生ずる損益は全てなかったものとして考えるのです。

法人税基本通達12の4−1−1（譲渡損益調整額の計算における「対価の額」の意義）

　　法人が譲渡損益調整額を計算する場合における法第61条の13第１項に規定する「譲渡に係る対価の額」とは、令第122条の14第２項の規定の適用がある場合を除き、法第61条の13第１項に規定する譲渡損益調整資産の譲渡の時の価額をいうことに留意する。

法人税法第37条（寄附金の損金不算入）

2　内国法人が各事業年度において当該内国法人との間に完全支配関係がある他の内国法人に対して支出した寄附金の額は、当該内国法人の各事業年度の所得の金額の計算上、損金の額に算入しない。

7　前各項に規定する寄附金の額は、寄附金、拠出金、見舞金その他いずれの名義をもつてするかを問わず、内国法人が金銭その他の資産又は経済的な利益の贈与又は無償の供与をした場合における当該金銭の額若しくは金銭以外の資産のその贈与の時における価額又は当該経済的な利益のその供与の時における価額によるものとする。

8　内国法人が資産の譲渡又は経済的な利益の供与をした場合において、その譲渡又は供与の対価の額が当該資産のその譲渡の時における価額又は当該経済的な利益のその供与の時における価額に比して低いときは、当該対価の額と当該価額との差額のうち実質的に贈与又は無償の供与をしたと認められる金額は、前項の寄附金の額に含まれるものとする。

法人税法第25条の２（受贈益）

1　内国法人が各事業年度において当該内国法人との間に完全支配関係がある他の内国法人から受けた受贈益の額は、当該内国法人の各事業年度の所得の金額の計算上、益金の額に算入しない。

2　前項に規定する受贈益の額は、寄附金、拠出金、見舞金その他いずれの名義をもつてされるかを問わず、内国法人が金銭その他の資産又は経済的な利益の贈与又は無償の供与を受けた場合における当該金銭の額若しくは金銭以外の資産のその贈与の時における価額又は当該経済的な利益のその供与の時における価額によるものとする。

3　内国法人が資産の譲渡又は経済的な利益の供与を受けた場合において、その譲渡又は供与の対価の額が当該資産のその譲渡の時における価額又は当該経済的な利益のその供与の時における価額に比して低いときは、当該対価の額と当該価額との差額のうち実質的に贈与又は無償の供与を受けたと認められる金額は、前項の受贈益の額に含まれるものとする。

第5章 グループ法人税制・連結納税制度

参 考

　当該事例において、仮にグループ法人税制が適用されない場合、すなわち完全支配関係のないグループ法人間で行われたものであるとすれば、税務上の調整は次のようになります。

区　分	子　法　人　A（譲　渡　法　人）				子　法　人　B（譲　受　法　人）			
	借　方		貸　方		借　方		貸　方	
	科目	金額	科目	金額	科目	金額	科目	金額
会計上の仕　訳	現　金	100	土　地	100	土　地	100	現　金	100
税務上の調　整	寄　附　金	20	土地譲渡益	20	土　地	20	受　贈　益	20
	寄附金の損金不算入額	別途計算	社外流出	別途計算				

　先のグループ法人税制が適用される場合と比して、

①　子法人Aでは、寄附金の損金不算入額は20ではなく、一般の寄附金と同様に損金不算入額の限度額計算を行うこと（法法37①）、また、譲渡損益調整資産ではないため譲渡損益調整勘定繰入額として譲渡利益額を繰り延べないこと

②　子法人Bでは、完全支配関係のある法人からの受贈益ではないため、受贈益を益金不算入額としないこと

③　貴社における子法人株式の帳簿価額の修正をしないこと

が相違点です。

5-6 譲渡損益調整資産以外の資産の無償譲渡

Q

　当社は、子法人A及び子法人Bと完全支配関係を有する企業グループを形成していますが、今般、グループ法人税制が適用されない資産、すなわち譲渡損益調整資産以外の資産（簿価300、時価500）について、子法人Aが子法人Bに対して無償譲渡しました。

　この場合における子法人Aと子法人Bにおける税務上の調整はどのようにしたらよいでしょうか。また、当社においても、税務上の調整を行う必要があるのでしょうか。

Point

　完全支配関係の下では、譲渡損益調整資産以外の資産を無償譲渡した場合であっても、原則としてグループ法人全体をひとつの企業集団と考えて、内部取引が行われたものとして考えます。

A

　貴社の企業グループにおける譲渡損益調整資産以外の資産の無償譲渡については、次ページのような税務上の調整が必要となります。

解　説

　当該事例においては、貴社と子法人A及びBとの間に完全支配関係があることから、子法人Aが、子法人Bに対して、譲渡損益調整資産以外の資産（簿価300、時価500）を無償譲渡した場合には、次のように取り扱います。

　まず、資産を無償譲渡した子法人Aは、税務上は時価で譲渡したものと考えますので、寄附金500と資産譲渡益200が認識されます（法法37⑦⑧）。なお、寄附金500はその全額が損金不算入となりますので、結果的には資産譲渡益200のみが課税所得に影響する金額と

184

なります（法法37②）。

　次に、子法人Bは、無償で取得した資産の受贈益500について、その全額が益金不算入となりますので、この取引に関して課税所得に影響する金額はありません（法法25の2）。

　なお、貴社においては、子法人Aから子法人Bへ資産を無償譲渡した結果、税務上、当該資産の時価500相当額だけ子法人Aの株式価値が減少し、子法人Bの株式価値が増加したものと考えて、A株式500をB株式500に振り替えることとなります（法令9①七、119の3⑥、119の4）。

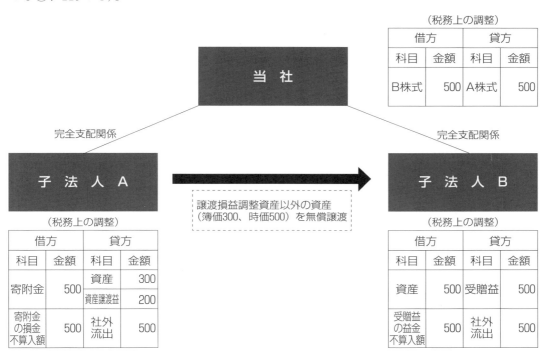

法人税法施行令第9条第1項（利益積立金額）

　法第2条第十八号（定義）に規定する政令で定める金額は、同号に規定する法人の当該事業年度前の各事業年度の第一号から第七号までに掲げる金額の合計額から当該法人の過去事業年度の第八号から第十四号までに掲げる金額の合計額を減算した金額に、当該法人の当該事業年度開始の日以後の第一号から<u>第七号</u>までに掲げる金額を<u>加算</u>し、これから当該法人の同日以後の第八号から第十四号までに掲げる金額を減算した金額とする。

<u>七</u>　当該法人が有する当該法人との間に完全支配関係がある法人（以下この号において「子法人」という。）の株式又は出資について<u>寄附修正事由が生ずる場合の当該受贈益の額に当該寄附修正事由に係る持分割合を乗じて計算した金額から寄附修正事由が生ずる場合の当該寄附金の額に当該寄附修正事由に係る持分割合を乗じて計算した金額を減算した金額</u>

5-7 中小法人向け特例措置の不適用

Q 当社は、親法人のみを株主とする子法人です。資本金は親法人が5億円、当社が1億円ですが、このような場合、当社は、税務上の中小法人向け特例措置を適用することができるのでしょうか。

Point

資本金の額が1億円以下の法人であっても、資本金の額が5億円以上である大法人と完全支配関係がある場合には、一定の中小法人向け特例措置を適用することはできません。

A

貴社は一定の中小法人向けの特例措置を適用することはできません。

解説

１ 中小法人向け特例措置

期末の資本金の額又は出資金の額が1億円以下の法人、いわゆる中小法人については、法人税率の軽減や貸倒引当金の繰入れ、交際費等の定額控除など、様々な税務上の特例措置を適用できることとされています。この趣旨は、経営や財政の基盤が必ずしも十分ではないと考えられる中小法人に対する政策的な配慮です。

２ 特例措置を適用できない法人

ただし、すべての中小法人が、税務上の特例措置を適用できるのではありません。

すなわち、期末の資本金の額又は出資金の額が1億円以下の法人であっても、

①　資本金の額又は出資金の額が5億円以上である法人

② 相互会社（外国相互会社を含む）

③ 受託法人（法法4の7）

である大法人との間に、その法人による完全支配関係がある普通法人や、完全支配関係の
ある複数の①〜③の大法人に発行済株式等の全部を保有される普通法人については、中小
法人向け特例措置を適用できないこととされています（法法66⑥など）。

　これは、大法人と完全支配関係を有する中小法人については、中小法人が大法人を中心
とした企業集団の一部を構成し、経済的実態として大法人と同一であると考えるためです。

3 適用できない特例措置

　2に該当する中小法人が適用できない特例措置は、具体的には次のような制度です。

① 貸倒引当金の繰入れ（法法52①②）

② 年800万円以下の所得に対する法人税の軽減税率（法法66②⑥、措法42の3の2①）

③ 特定同族会社の特別税率の不適用（法法67①）

④ 交際費等の損金不算入額の計算における定額控除限度額（措法61の4②）

⑤ 欠損金の繰戻しによる還付請求停止の不適用（措法66の13①一）

　なお、平成29年度税制改正により、平成31年4月1日以降に開始する事業年度分から、
試験研究を行った場合の法人税額の特別控除（措法42の4③）や貸倒引当金の法定繰入率
の選択（措法57の9①②）などの制度において、その適用対象から、中小企業者等のうち
過去3年間の平均課税所得が15億円を超える「適用除外事業者」（措法42の4⑧六の二）
に該当するものが除外されました。

5-8 連結納税制度導入のメリット

Q

　当社は、複数の子法人を有するグループ法人の親法人です。今般、子法人１社の当期純利益が赤字となったのですが、このような場合に連結納税制度を導入していればという話を聞きました。

　そこで、子法人が赤字となった場合に、仮に連結納税制度を導入していればどのようなメリットがあったのか教えてください。

Point

　連結納税制度を導入するメリットには、グループ法人全体の所得を通算できるということや、子会社が有する繰越欠損金を一定の場合に引き継げるといったものがあります。

　一方、デメリットとしては、連結確定申告書を作成するために相当の手間やコストを要することや、連結納税制度があくまで法人税だけに特化された制度であって、消費税や地方税については個々の法人単位で申告を行わなければならないといったことなどが指摘されています。

A

　貴社のグループにおいて、仮に連結納税制度を導入していれば、子法人の赤字とその子法人以外の法人の黒字を通算できたというメリットがあったものと考えられます。

解 説

1 制度の概要

　連結納税制度とは、親法人とその親法人による完全支配関係にあるすべての子法人で構成されるグループをひとつの納税単位として、親法人がそのグループ全体の所得について法人税の申告と納税を行うというものです（法法４の２、81の22、81の27）。

188

第5章｜グループ法人税制・連結納税制度

2 当該事例の考え方

連結納税制度を導入するメリットについて、以下の例を用いて整理します。

連結納税制度を導入する前		
区　　分	所　　得	法人税(24%)
親法人	100	24
子法人Ａ	50	12
子法人Ｂ	▲30	0
計	120	36

仮に連結納税制度を導入していた場合		
区　　分	連結所得	法人税(24%)
親法人	100	－
子法人Ａ	50	－
子法人Ｂ	▲30	－
計	120	29

▲7

　親法人、子法人Ａ及び子法人Ｂの３社のグループ法人で計120の所得、また、法人税率を仮に24％とすると、連結納税制度を導入する前においては、３社の法人税額の合計額は36となります。

　一方、仮に連結納税制度を導入していた場合には、前提条件を同じとすれば、連結法人税額は29となり、導入する前と比して７の減税効果を有する結果となります。

　この差異は、税額計算の前提となる所得について、個々の法人単位の所得をベースとするのか、それともグループ法人全体の連結所得をベースとするのかという点にあります。すなわち、連結納税制度を導入する前においては、子会社Ｂの所得▲30は、他の法人の黒字所得に直接影響することはなく、そのまま子会社Ｂの繰越欠損金となるのに対して、仮に連結納税制度を導入していた場合には、子会社Ｂの所得▲30は、連結所得として他の法人の黒字所得と通算できるわけです。

　このように、連結納税制度を導入するメリットは、グループ法人を構成する各法人の所得を通算することで、同一の課税時期のタイミングにおいては、グループ法人全体として法人税を軽減できるという点にあります。

189

5-9 連結完全支配関係を有しなくなる事実

Q

当社は、連結納税制度を導入しているグループ法人です。

この度、連結子法人のうち1社が解散したのですが、連結納税制度の手続上、「連結完全支配関係等を有しなくなった旨を記載した書類」を所轄税務署長へ提出しなければなりませんか。なお、連結子法人の解散は、合併又は破産手続開始の決定による解散ではありません。

Point

連結子法人の解散（合併及び破産手続開始の決定による解散を除く。）は、連結完全支配関係を有しなくなる事実には該当しません。

A

貴社及び解散した子法人は、「連結完全支配関係等を有しなくなった旨を記載した書類」を所轄税務署長へ提出する必要はありません。

解 説

1 制度の概要

「連結完全支配関係等を有しなくなった旨を記載した書類」は、次の①から③の事由が生じた場合に、当該事由が生じた日以後遅滞なく、連結親法人等の納税地等の所轄税務署長に提出することとされています（法令14の9②）。

① 連結子法人が、連結親法人との間に連結完全支配関係を有しなくなった場合。

② 連結子法人となる法人が、連結親法人又は連結親法人となる法人の間に当該連結親法人又は当該連結親法人となる法人による完全支配関係を有しなくなった場合。

③ 連結子法人がなくなったことにより、連結法人が連結親法人のみとなった場合。

190

第5章 グループ法人税制・連結納税制度

2 当該事例の考え方

当該事例においては、連結子法人の解散は、合併又は破産手続開始の決定による解散ではなく、また、1①から③のいずれの事由にも該当しませんので、貴社及び解散した子法人は、「連結完全支配関係等を有しなくなった旨を記載した書類」を納税地（連結子法人はその本店又は主たる事務所の所在地）の所轄税務署長に提出する必要はありません。

なお、連結子法人が合併又は破産手続開始の決定により解散した場合には、当該連結子法人は連結完全支配関係を有しなくなったものとみなされますので、連結親法人及び連結子法人は、「連結完全支配関係等を有しなくなった旨を記載した書類」を納税地等の所轄税務署長に提出しなければなりません（法法4の5②四及び五、連基通1-2-7）。

ただし、平成30年度税制改正により、平成31年4月1日以後において連結子法人が合併等により解散した場合には、連結子法人による「連結完全支配関係等を有しなくなった旨を記載した書類」の提出は不要とされました。

法人税法第4条の5第2項（連結納税の承認の取消し等）

次の各号に掲げる事実が生じた場合には、連結法人は、当該各号に定める日において第4条の2の承認を取り消されたものとみなす。

四　連結子法人の解散（合併又は破産手続開始の決定による解散に限る。）又は残余財産の確定　その解散の日の翌日（合併による解散の場合には、その合併の日）又はその残余財産の確定の日の翌日

五　連結子法人が連結親法人との間に当該連結親法人による連結完全支配関係を有しなくなったこと　その有しなくなった日

連結納税基本通達1-2-7（連結完全支配関係を有しなくなる事実）

法第4条の5第2項第5号《連結納税の承認のみなし取消し》に規定する「連結完全支配関係を有しなくなったこと」には、例えば、次に掲げる事実がこれに該当する。

(2)　連結子法人の発行済株式等の全部又は一部を直接又は間接に保有する他の連結子法人に次に掲げる事実が生じたことに基因して連結完全支配関係を有しなくなったこと

ロ　解散（破産手続開始の決定による解散に限る。）

ハ　合併による解散（当該株式等保有連結子法人との間に連結完全支配関係がある連結法人との合併による解散を除く。）

191

5-10 同一連結事業年度中に加入及び 離脱した子法人のみなし事業年度

Q

　連結親法人であるP社（3月決算）は、S社（12月決算）の全株式をX1年6月10日に取得し、完全支配関係を有することになりました。ところが、X2年1月20日にS社の株式の一部を譲渡したため、連結完全支配関係を解消することになりました。

　この場合、S社におけるみなし事業年度は、どのようになるのでしょうか。

Point

　当該事例は、連結グループへの加入と離脱が同一連結事業年度中に行われた場合の連結子法人のみなし事業年度の考え方を整理するものです。

A

　S社のみなし事業年度は、①X1年1月1日〜X1年6月9日、②X1年6月10日〜X2年1月19日、③X2年1月20日〜X2年3月31日、④X2年4月1日〜X2年12月31日となります。

解説

1 制度の概要

　事業年度とは、法人の会計期間で、法令で定めるもの又は法人の定款等に定めるものなどをいいます（法法13①）。また、みなし事業年度とは、一定の事由に該当することとなった場合に、本来の事業年度にかかわらず、税務上、それぞれの事由ごとに定められた期間を事業年度とみなすものをいいます（法法14①）。

　この点、連結子法人が連結グループに加入した場合のみなし事業年度は、

イ　加入日の前日の属する事業年度開始の日から加入日の前日までの期間

ロ　加入日から連結親法人事業年度終了の日までの期間

とされています（法法14七）。

一方、連結子法人が連結グループから離脱した場合のみなし事業年度は、

ハ　連結事業年度開始の日から離脱日の前日までの期間

ニ　離脱日からその連結事業年度終了の日までの期間

ホ　その終了の日の翌日からその翌日の属する事業年度終了の日までの期間

とされています（法法14九）。

2 当該事例の考え方

　S社は、P社の連結グループに加入後、連結申告を一度も行うことなく離脱していますので、**1**で示した加入した場合と離脱した場合の両者のみなし事業年度の規定の適用を受けることになります。

　したがって、以下の図のとおり、S社のみなし事業年度は、①X1年1月1日～X1年6月9日（**1**イ参照）、②X1年6月10日～X2年1月19日（**1**ロ及びハ参照）、③X2年1月20日～X2年3月31日（**1**ニ参照）、④X2年4月1日～X2年12月31日（**1**ホ参照）となります。

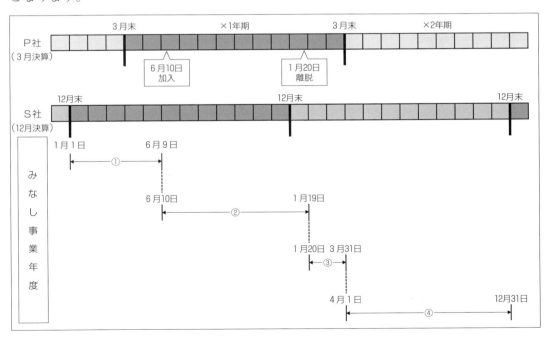

企業組織再編税制

6-1 企業組織再編税制の概要

Q

当社は、今後、ライバル企業との競争力をより一層高めるため、企業組織再編も視野に入れたグループ全体の組織の見直しを検討しています。

そこで、企業組織再編税制とはどういうものか、その概要について教えてください。

Point

近年、企業の生き残りをかけて、合併、会社分割などの企業組織再編が増加傾向にあります。この企業組織再編を取り巻く制度としては、会社法や会計基準、税法などがあり、ここでは税法に関する重要論点を整理します。

A

次の表は、企業組織再編税制の概要として、税務上の重要論点における原則的な取扱いを簡潔に整理したものです。

第6章｜企業組織再編税制

企業組織再編	課 税 の 主 体	税務上の重要論点	非適格・適格の区分	原 則 的 な 取 扱 い
合併	合併法人	課税関係	非適格	生じない
			適格	生じない
	被合併法人	移転資産等の譲渡損益	非適格	認識する（時価）
			適格	繰り延べる
		みなし事業年度	－	生じる
	被合併法人の株主	株式の譲渡損益	－	金銭等の交付がある場合は認識する 合併法人の株式のみが交付される場合は繰り延べる
		みなし配当	非適格	生じる
			適格	生じない
会社分割	分割法人	移転資産等の譲渡損益	非適格	認識する（時価）
			適格	繰り延べる
	分割承継法人	移転資産等の取得価額	非適格	時価
			適格	分割直前の帳簿価額
	両法人の株主 （分社型分割）	課税関係	－	生じない
現物出資	現物出資法人	移転資産等の譲渡損益	非適格	認識する（時価）
			適格	繰り延べる
	被現物出資法人	移転資産等の取得価額	非適格	時価
			適格	現物出資直前の帳簿価額
現物分配	現物分配法人	移転資産等の譲渡損益 及び 配当の源泉徴収義務	非適格	認識する（時価） 源泉徴収が必要
			適格	繰り延べる 源泉徴収は不要
	被現物分配法人	移転資産等の取得価額 及び 受取配当金の取扱い	非適格	時価 受取配当等の益金不算入の適用可能
			適格	現物分配直前の帳簿価額 受取配当金の全額が益金不算入
株式交換 及び 株式移転	完全子法人	資産等の含み損益	非適格	認識する（時価）
			適格	繰り延べる
	完全親法人	完全子法人株式 の取得価額	非適格	時価
			適格	株式交換等直前の帳簿価額
	完全子法人 の株主	株式の譲渡損益	－	完全親法人株式等以外の資産の交付がある場合は認識する 完全親法人株式等以外の資産の交付がない場合は繰り延べる

197

解 説

　企業組織再編税制の概要を理解するに当たって、最初に認識しておかなければならないことは、その企業組織再編が適格か非適格かによって、税務上の取扱いが全く異なるという点です（法法2十二の八、法令4の3など）。

　企業組織再編税制における「適格」とは、その企業組織再編の形態によって定義そのものは異なりますが、一言でいえば、株式保有要件又は共同事業要件のいずれかを満たすもので、原則として、企業組織再編の対価として当事者の株式以外の資産が交付されないものです。一方、企業組織再編税制における「非適格」とは、適格以外の企業組織再編をいいます。

　企業組織再編が適格に該当する場合には、企業組織再編に伴う移転資産等の譲渡等については、移転直前の帳簿価額により譲渡等したものと考えて、その譲渡損益に対する課税が繰り延べられます（法法62の2①②、62の3①、62の4①、62の5①、62の9①）。この取扱いが、企業組織再編税制における取扱いの中でも最も重要なポイントといえます。これに対して、企業組織再編が非適格に該当する場合には、企業組織再編に伴う移転資産等の譲渡等については、移転時における時価により譲渡等があったものと考えますので、その移転に伴う譲渡損益が認識されることになります（法法62①）。

第6章 企業組織再編税制

6-2 企業組織再編税制における適格とは

Q

（6-1）の続き

企業組織再編税制について、その企業組織再編が適格か非適格かによって、税務上の取扱いが相違することはわかりました。

それでは、企業組織再編税制における適格とはどういうものなのか教えてください。

Point

企業組織再編税制を理解するに当たって、最初に認識すべきポイントは、それぞれの企業組織再編によって、どのような要件を満たせば適格と判定されるのかということです。

A

企業組織再編税制における適格とは、その企業組織再編の形態によって定義や要件は異なりますが、一言でいえば、株式保有要件又は共同事業要件のいずれかを満たすもので、原則として、企業組織再編の対価として当事者の株式以外の資産が交付されないものといえます（法法2十二の八、法令4の3など）。一方、企業組織再編税制における非適格とは、適格以外の企業組織再編をいいます。

次ページの表は、平成29年10月1日以後に行われる企業組織再編の形態別に、その適格の定義や要件を簡潔に整理したものです。なお、平成30年度税制改正により、当初の企業組織再編の後に完全支配関係がある法人間で従業者又は事業を移転することが見込まれている場合にも、当初の企業組織再編の適格要件のうち、従業者引継ぎ要件及び事業継続要件を満たすこととされました。

199

		適格合併	適格分社型分割	適格現物出資
法令		法法 2 十二の八、法令 4 の 3 ①～④	法法 2 十二の二（三、十、十一、十三）、法令 4 の 3 ⑤～⑧	法法 2 十二の四（五、十四）、法令 4 の 3 ⑩～⑮
定義		① 株式保有要件又は共同事業要件のいずれかを満たす合併で、 ② 被合併法人の株主等に合併法人等の株式等以外の資産が交付されないもの ただし、平29. 10. 1 以後に行われる合併については、一定の株主等に交付される金銭等を除いて判定する	① 株式保有要件又は共同事業要件のいずれかを満たす分割で、 ② 分割法人に分割承継法人等の株式以外の資産が交付されないもの	① 株式保有要件又は共同事業要件のいずれかを満たす現物出資で、 ② 現物出資法人に被現物出資法人の株式のみが交付されるもの
株式保有要件	完全支配関係（100%）がある場合	次の①又は②のいずれかの関係に該当する場合の合併 ① 被合併法人と合併法人との間にいずれか一方の法人による完全支配関係がある場合等 ② 同一の者による完全支配関係があり、かつ、合併後も完全支配関係が継続することが見込まれている場合等	次の①又は②のいずれかの関係に該当する場合の分割 ① 分割前に分割法人と分割承継法人との間にいずれか一方の法人による完全支配関係がある場合等 ② 分割前に分割法人と分割承継法人との間に同一の者による完全支配関係がある場合等	次の①又は②のいずれかの関係に該当する場合の現物出資 ① 現物出資前に現物出資法人と被現物出資法人との間にいずれか一方の法人による完全支配関係がある場合等 ② 現物出資前に現物出資法人と被現物出資法人との間に同一の者による完全支配関係がある場合等
	支配関係（50%超）がある場合	次の①又は②のいずれかの関係に該当する場合の合併で、従業者引継ぎ要件及び事業継続要件を満たす場合の合併 ① 被合併法人と合併法人との間にいずれか一方の法人による支配関係がある場合等 ② 同一の者による支配関係があり、かつ、合併後も支配関係が継続することが見込まれている場合等	次の①又は②のいずれかの関係に該当する場合の分割で、主要資産・負債の移転要件、従業者引継ぎ要件及び事業継続要件を満たす場合の分割 ① 分割前に分割法人と分割承継法人との間にいずれか一方の法人による支配関係がある場合等 ② 分割前に分割法人と分割承継法人との間に同一の者による支配関係がある場合等	次の①又は②のいずれかの関係に該当する場合の現物出資で、主要資産・負債の移転要件、従業者引継ぎ要件及び事業継続要件を満たす場合の現物出資 ① 現物出資前に現物出資法人と被現物出資法人との間にいずれか一方の法人による支配関係がある場合等 ② 現物出資前に現物出資法人と被現物出資法人との間に同一の者による支配関係がある場合等
共同事業要件		株式保有要件を満たさない合併のうち、次の①から⑥の全ての要件を満たしている場合（②と③はいずれかでよい） ① 事業関連要件 ② 事業規模要件 ③ 特定役員引継ぎ要件 ④ 従業者引継ぎ要件 ⑤ 事業継続要件 ⑥ 株式継続保有要件（一定の場合のみ）	株式保有要件を満たさない分割のうち、次の①から⑦の全ての要件を満たしている場合（②と③はいずれかでよい） ① 事業関連要件 ② 事業規模要件 ③ 特定役員引継ぎ要件 ④ 主要資産・負債の移転要件 ⑤ 従業者引継ぎ要件 ⑥ 事業継続要件 ⑦ 株式継続保有要件（一定の場合のみ）	株式保有要件を満たさない現物出資のうち、次の①から⑦の全ての要件を満たしている場合（②と③はいずれかでよい） ① 事業関連要件 ② 事業規模要件 ③ 特定役員引継ぎ要件 ④ 主要資産・負債の移転要件 ⑤ 従業者引継ぎ要件 ⑥ 事業継続要件 ⑦ 株式継続保有要件

第6章 企業組織再編税制

		適格現物分配	適格株式交換等	適格株式移転
法令		法法2十二の十五、十二の十五の二、十二の十五の三、法令4の3⑯	法法2十二、法令4の3⑰～⑳	法法2十二の六の五（六の六、十八）、法令4の3㉑～㉔
定義		内国法人を現物分配法人とする現物分配で、被現物分配法人が現物分配の直前に現物分配法人との間に完全支配関係がある内国法人のみであるもの	① 株式保有要件又は共同事業要件のいずれかを満たす株式交換で、 ② 株式交換等完全子法人の株主等に株式交換等完全親法人等の株式以外の資産が交付されないもの	① 株式保有要件又は共同事業要件のいずれかを満たす株式移転で、 ② 株式移転完全子法人の株主に株式移転完全親法人の株式以外の資産が交付されないもの
株式保有要件	完全支配関係（100%）がある場合	なお、適格株式分配とは、完全子法人の株式のみが移転する株式分配のうち、完全子法人と現物分配法人とが独立して事業を行うための株式分配として、次の①から④の要件を満たし、かつ、その株式が現物分配法人の発行済株式等の総数又は総額のうちに占める現物分配法人の各株主等の有する現物分配法人の株式の数又は金額の割合に応じて交付されるもの ① 非支配要件 ② 特定役員引継ぎ要件 ③ 従業者引継ぎ要件 ④ 事業継続要件	次の①又は②のいずれかに該当する場合の株式交換 ① 株式交換前に株式交換完全子法人と株式交換完全親法人との間に株式交換完全親法人による完全支配関係があり、かつ、株式交換後もその完全支配関係が継続することが見込まれている場合等 ② 株式交換前に株式交換完全子法人と株式交換完全親法人との間に同一の者による完全支配関係があり、かつ、株式交換後も同一の者による完全支配関係が継続することが見込まれている場合等	次の①又は②のいずれかに該当する場合の株式移転 ① 株式移転前に株式移転完全子法人と他の株式移転完全子法人との間に同一の者による完全支配関係があり、かつ、株式移転後も同一の者と株式移転完全親法人との間に同一の者による完全支配関係が継続することが見込まれている場合等 ② 一の法人のみが株式移転完全子法人となる株式移転で、株式移転後も株式移転完全親法人と株式移転完全子法人との間に株式移転完全親法人による完全支配関係が継続することが見込まれている場合等
	支配関係（50%超）がある場合	－	次の①又は②のいずれかの関係に該当する場合の株式交換等で、従業者引継ぎ要件及び事業継続要件を満たす株式交換等 ① 株式交換前に株式交換等完全子法人と株式交換等完全親法人との間にいずれか一方の法人による支配関係があり、かつ、その株式交換等後もそのいずれか一方の法人による支配関係が継続することが見込まれている場合等 ② 株式交換前に株式交換等完全子法人と株式交換等完全親法人との間に同一の者による支配関係があり、かつ、株式交換等後も同一の者による支配関係が継続することが見込まれている場合等	次の①又は②のいずれかに該当する場合の株式移転で、従業者引継ぎ要件及び事業継続要件を満たす株式移転 ① 株式移転前に株式移転完全子法人と他の株式移転完全子法人との間にいずれか一方の法人による支配関係があり、かつ、株式移転後も株式移転完全親法人と株式移転完全子法人との間に株式移転完全親法人による支配関係が継続することが見込まれている場合等 ② 株式移転前に株式移転完全子法人と他の株式移転完全子法人との間に同一の者による支配関係があり、かつ、株式移転後も同一の者と株式移転完全親法人との間に同一の者による支配関係が継続することが見込まれている場合等
共同事業要件		－	株式保有要件を満たさない株式交換のうち、次の①から⑦の全ての要件を満たしている場合（②と③はいずれかでよい） ① 事業関連要件 ② 事業規模要件 ③ 特定役員引継ぎ要件 ④ 従業者引継ぎ要件 ⑤ 事業継続要件 ⑥ 株式継続保有要件（一定の場合のみ） ⑦ 完全支配関係継続要件	株式保有要件を満たさない株式移転のうち、次の①から⑦の全ての要件を満たしている場合（②と③はいずれかでよい） ① 事業関連要件 ② 事業規模要件 ③ 特定役員引継ぎ要件 ④ 従業者引継ぎ要件 ⑤ 事業継続要件 ⑥ 株式継続保有要件（一定の場合のみ） ⑦ 完全支配関係継続要件

201

6-3 「共同事業要件」と「みなし共同事業要件」

Q 当社では、現在、関係会社との合併を控えていますが、この合併は、税務上の適格合併に該当するものと考えています。
ところで、企業組織再編税制における合併に関しては、「共同事業要件」と「みなし共同事業要件」があると聞きましたが、両者の相違点などがあれば教えてください。

Point
企業組織再編税制における合併には、「共同事業要件」と「みなし共同事業要件」とよばれる2つの要件があります。もちろん、名称が異なるように、その内容も相違するわけですが、部分的には共通するものもあり、両者の違いを明確にしておく必要があります。

A

「共同事業要件」は、株式保有要件と並んで、適格か非適格かを判断するための要件です（法令4の3④）。

一方、「みなし共同事業要件」は、被合併法人の繰越欠損金額の引継ぎや合併法人の繰越欠損金額の利用制限を判断するための要件です（法法57⑭、法令112③）。

次ページの表は、両者の共通点と相違点を明確にするため、一覧表の形式でそれぞれの要件を簡潔に整理したものです。なお、これらの取扱いは、平成29年10月1日以後に行われる合併を対象としています。

	具体的な内容	共同事業要件 （法令4の3④） 次のすべての要件を満たせば適用可	みなし共同事業要件 （法57⑭、法令112③） 次の4要件か2要件のいずれかを満たせば適用可	
			4要件	2要件
事業関連要件	被合併事業と合併事業が相互に関連すること	○	○	○
事業規模要件	被合併事業とそれに関連する合併事業のそれぞれの売上金額、従業者数、資本金の額等の規模のいずれかの割合が、おおむね5倍を超えないこと	○ （いずれか）	○	—
特定役員引継ぎ要件	被合併法人の特定役員のいずれかと合併法人の特定役員のいずれかとが、合併後の合併法人の特定役員となることが見込まれていること			○
従業者引継ぎ要件	被合併法人の従業者の総数のおおむね80%以上が、合併後の合併法人の業務に従事することが見込まれていること	○	—	
事業継続要件	被合併法人における合併事業と関連する被合併事業が、合併後に合併法人において引き続き営まれることが見込まれていること	○	—	
株式継続保有要件	合併により交付される合併法人の株式等のうち、支配株主に交付される全部が支配株主により継続して保有されることが見込まれていること ただし、合併直前に被合併法人の全てについて他の者との間に他の者による支配関係がないときなどは、判定不要	○	—	
被合併事業の事業要件	被合併事業が支配関係発生時から合併直前まで継続して営まれており、かつ、それぞれの売上金額、従業者数、資本金の額等の規模のいずれかの割合がおおむね2倍を超えないこと	—	○	
合併事業の事業要件	被合併事業と関連する合併事業が支配関係発生時から合併直前まで継続して営まれており、かつ、それぞれの売上金額、従業者数、資本金の額等の規模のいずれかの割合がおおむね2倍を超えないこと	—	○	

6-4 合併の意義

Q

当社では、今後の長期的な事業計画の一環として、M&Aや企業組織再編といった思い切った経営戦略プランを検討しています。
そこで、企業組織再編の中でも、代表的な手法といわれる合併について、その意義を教えてください。

Point

企業組織再編には、合併、会社分割、現物出資、現物分配、株式交換、株式移転といった手法があります。企業組織再編を行う目的には様々なものがありますが、一義的には、企業を持続的に成長させるという点にあると考えます。この企業組織再編を法的に支えているものとして、会社法、会計基準及び税法などがあります。

A

合併とは、法律上2以上の会社が、合併契約に基づき会社法等に定める一定の手続を経て一つの会社となることです。すなわち、消滅会社が解散消滅し、一切の権利義務が包括して存続会社又は新設会社に移転する組織法上の行為です。

解説

1 合併の意義

合併は、当事者同士が法律的・経済的に完全に一体となるものです。この合併には、新たな会社が設立されない吸収型と、新たな会社が設立される新設型があります（会社法2二十七、二十八）が、我が国においては、そのほとんどが吸収型です。

2 合併の効力

合併の効力としては、

① 消滅会社は当然に解散消滅する（会社法471四、475一かっこ書き）

② 消滅会社の株主が存続会社あるいは新設会社の株主となる

③ 消滅会社の権利義務が存続会社あるいは新設会社に包括的に承継される（会社法750 ①、754①）

といった点を指摘し得ます。

3 合併比率

合併比率とは、消滅会社の旧株1株に対して割り当てられる存続会社あるいは新設会社株式の比率のことであり、1株当たりの企業価値評価の比としても表されます。この合併比率の算定方法には様々なものがありますが、一般的には、証券取引所における株価、純資産法、類似企業比較法、収益還元法（DCF法）などの評価方法等が用いられます。

なお、合併比率は、合併当事者にとって最も重要な決定事項のひとつであり、この比率によって合併後の株主間の力関係が決まります。

4 事業譲渡との相違点

合併は、実務上、事業譲渡と比較されることが多いようです。次の表は、両者の相違点を簡潔に整理したものです。

	合　　　併	事　業　譲　渡
行為の性質	組織法上の行為である	取引法上の行為である
消滅会社の権利義務の移転	包括承継される	個別の手続が必要である
消滅会社の解散	当然に解散消滅する	当然には解散しない

会社法第2条（定義）

二十七　吸収合併　会社が他の会社とする合併であって、合併により消滅する会社の権利義務の全部を合併後存続する会社に承継させるものをいう。

二十八　新設合併　二以上の会社がする合併であって、合併により消滅する会社の権利義務の全部を合併により設立する会社に承継させるものをいう。

6-5 合併の会計処理

Q

（6-4の続き）

当社では、今後の長期的な事業計画の一環として、M＆Aや企業組織再編といった思い切った経営戦略プランを検討しています。

そこで、企業組織再編の中でも、代表的な手法といわれる合併について、その会計処理を教えてください。

Point

合併の会計処理については、「企業結合に関する会計基準」（企業会計基準第21号）において、その取扱いが示されています。

企業結合とは、ある企業又はある企業を構成する事業と他の企業又は他の企業を構成する事業とが一つの報告単位に統合されることです（企結基準5）。

合併は、会計基準上は、この企業結合の一形態です。なお、企業結合の範囲には、企業だけではなく、事業も含まれる点に留意してください。

合併を含む企業結合においては、その経済的実態をどのように捉えるかによって、取得原価の会計処理が相違します。この点を簡潔に整理すると、次のようになります。

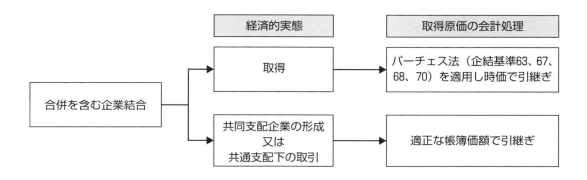

解説

合併を含む企業結合は、会計基準上、「取得」、「共同支配企業の形成」及び「共通支配下の取引」の3つに区分されます。

1 取得の会計処理

取得とは、ある企業が他の企業又は企業を構成する事業に対する支配を獲得して、一つの報告単位となることです（企結基準9、17）。取得の会計処理は、取得企業を決定した上で、取得原価の算定と配分を行います（企結基準18～21）。

この取得の会計処理のポイントとしては、次のような点を指摘できます。

① 取得原価は、取得の対価となる財の企業結合日における時価で算定する（企結基準23）。
② 取得関連費用（外部のアドバイザー等に支払った特定の報酬・手数料など）は、発生した事業年度の費用として処理する（企結基準26）。
③ 取得原価が受け入れた資産及び引き受けた負債に配分された純額を上回る場合には、その超過額はのれんとして会計処理し、一方、下回る場合には、その不足額は負ののれんとして会計処理する（企結基準31）。
④ のれんについては、20年以内のその効果の及ぶ期間にわたって規則的に償却する（企結基準32、47）。

2 共同支配企業の形成の会計処理

共同支配企業の形成とは、企業提携による共同研究を行う際に設立される事業体など、契約等に基づく複数の独立した企業により、共同で支配される企業を形成することです（企結基準37）。

共同支配企業の形成の会計処理のポイントは、共同支配企業は、共同支配投資企業から移転する資産及び負債を移転直前に共同支配投資企業において付されていた適正な帳簿価額により計上するという点です（企結基準38、39）。

3 共通支配下の取引の会計処理

共通支配下の取引とは、親会社と子会社、子会社同士の再編など、結合当事企業のすべてが企業結合の前後で同一の株主により最終的に支配され、かつ、その支配が一時的ではない場合の企業結合のことをいいます（企結基準16）。

共通支配下の取引の会計処理のポイントは、企業集団内を移転する資産及び負債は、移転前に付された適正な帳簿価額により計上するという点です（企結基準41～43）。

企業結合に関する会計基準

9．「取得」とは、ある企業が他の企業又は企業を構成する事業に対する支配を獲得することをいう。

17．共同支配企業の形成（第11項参照）及び共通支配下の取引（前項参照）以外の企業結合は取得となる。また、この場合における会計処理は、次項から第36項による（以下、次項から第33項による会計処理を「パーチェス法」という。）。

23．被取得企業又は取得した事業の取得原価は、原則として、取得の対価（支払対価）となる財の企業結合日における時価で算定する。支払対価が現金以外の資産の引渡し、負債の引受け又は株式の交付の場合には、支払対価となる財の時価と被取得企業又は取得した事業の時価のうち、より高い信頼性をもって測定可能な時価で算定する。

6-6 合併の税務

Q

（6-5の続き）

当社では、今後の長期的な事業計画の一環として、M＆Aや企業組織再編といった思い切った経営戦略プランを検討しています。

そこで、企業組織再編の中でも、代表的な手法といわれる合併について、税務上、留意すべき取扱いを教えてください。

Point

合併の税務を理解するに当たってのポイントは、適格と非適格の区分を正確に判定することと、会計と税務の違いを知ることです。

A

合併について、税務上、留意すべき主な取扱いは、次のとおりです。

① 適格合併であれば、合併に伴う資産等の移転は、帳簿価額による引継ぎとなる（法法62の2①）。

② 非適格合併であれば、合併に伴う資産等は時価で移転したものとして、譲渡損益を認識する（法法62①②）。ただし、当事者間に完全支配関係があれば、グループ法人税制の適用により、その譲渡損益は原則として繰り延べられる（法法61の13①）。

③ 税務上の適格と非適格の要件は、「企業結合に関する会計基準」における取得原価の考え方とは、全く独立したものである。

④ 合併法人が支出した取得関連費用は、取得原価を構成する（法令54①一）。

⑤ 非適格合併の場合には、合併法人において資産調整勘定又は負債調整勘定を認識し、それを5年で均等償却する（法法62の8、法令123の10）。なお、平成29年度税制改正により、償却初年度に月割計算が必要とされた。

⑥　適格合併においては、合併法人は被合併法人の未処理欠損金額を原則として引き継ぐことができるが、みなし共同事業要件等を満たさない場合には、被合併法人から引き継ぐ欠損金額が制限される（法法57②③）。

⑦　特定資産に係る譲渡等損失額の損金不算入制度（法法62の7）について、平成29年度税制改正により、支配関係発生日の属する事業年度開始の日に有する資産も当該制度の対象とされた。

法人税法第62条の2第1項（適格合併及び適格分割型分割による資産等の帳簿価額による引継ぎ）

　内国法人が適格合併により合併法人にその有する資産及び負債の移転をしたときは、前条第1項及び第2項の規定にかかわらず、当該合併法人に当該移転をした資産及び負債の当該適格合併に係る最後事業年度終了の時の帳簿価額として政令で定める金額による引継ぎをしたものとして、当該内国法人の各事業年度の所得の金額を計算する。

法人税法第62条（合併及び分割による資産等の時価による譲渡）

1　内国法人が合併又は分割により合併法人又は分割承継法人にその有する資産又は負債の移転をしたときは、当該合併法人又は分割承継法人に当該移転をした資産及び負債の当該合併又は分割の時の価額による譲渡をしたものとして、当該内国法人の各事業年度の所得の金額を計算する。

2　合併により合併法人に移転をした資産及び負債の当該移転による譲渡に係る譲渡利益額又は譲渡損失額は、当該合併に係る最後事業年度の所得の金額の計算上、益金の額又は損金の額に算入する。

6-7 適格合併した場合の合併法人の中間申告

Q

当社（12月決算）は、前年度の10月1日付で、関係法人（9月決算）を吸収合併しました。この合併は適格に該当します。

そこで、当社における当年度の中間分の法人税額はいくらになりますか。

なお、当社（合併法人）の前年度の確定法人税額は1,000千円、関連法人（被合併法人）の合併直前年度の確定法人税額は500千円です。

Point

適格合併（吸収）における合併法人の中間申告（仮決算による場合を除く）に当たっては、その税額に一定の加算調整が行われますが、この趣旨は、被合併法人が合併しなければ納付していたであろう税額分を合併法人に負担させようというものです。

A

貴社における当年度の中間分の法人税額は、687,500円となります。

解説

1 制度の概要

事業年度が6か月を超える普通法人は、原則として、事業年度開始の日以後6か月を経過した日から2か月以内に、中間申告書を提出することとされています（法法71①、72①）。これは、前年度の法人税額の一部を当年度の法人税額の一部としてあらかじめ納付させることで、滞納を未然に防止しようという趣旨です。

この中間申告には、①前年度の法人税額に基づき予定申告する方法（法法71①）と、②仮決算によって中間申告書を提出する方法（法法72①）があり、いずれで行うかは法人が選択できます。ただし、中間申告書を提出すべき法人が、提出期限までに提出しなかった

場合には、①の前年度の法人税額に基づき予定申告があったものとみなされます（法法73）。なお、①の前年度の法人税額に基づき予定申告する場合には、前年度の確定法人税額×$\frac{6}{前年度の月数}$に相当する税額（この税額が10万円以下又は納付すべき税額がない場合は中間申告の必要はなし）、すなわち、前年度の法人税額の半分を当年度に申告納付します。

また、適格合併があった場合の合併法人における当年度の中間分の税額の算定に当たっては、被合併法人の確定法人税額を基礎として計算した一定の金額を合併法人の確定法人税額を基礎として計算した金額に加算調整することとされています（法法71②）。

この合併法人の中間申告における加算調整は、適格合併がいつ行われたのか、すなわち、①適格合併が前年度で行われた場合（法法71②一）と、②適格合併が当年度開始の日から6か月を経過した前日までの期間に行われた場合（法法71②二）によって、その計算プロセスが異なります。

2 当該事例の考え方

当該事例においては、適格合併が前年度で行われていますので、貴社の中間申告の計算プロセスは次のようになります。

（単位：円）

項　目	計　算	金　額
貴社の本来の中間分の計算	1,000,000（貴社の前年度の確定法人税額）×$\frac{6}{12（前年度の月数）}$	500,000
加算調整	$\frac{500,000（関連法人の直近年度の確定法人税額）}{12（分子の直近年度の月数）}$×$\frac{9（貴社の前年度開始の日から合併の日の前日までの月数）}{12（貴社の前年度の月数）}$×6	187,500
合計	—	687,500

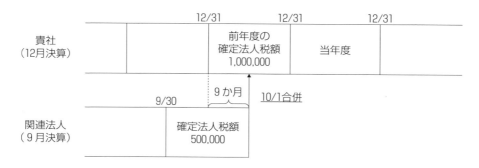

第6章 企業組織再編税制

法人税法第71条（中間申告）

1　内国法人である普通法人は、その事業年度が６月を超える場合には、当該事業年度開始の日以後６月を経過した日から２月以内に、税務署長に対し、次に掲げる事項を記載した申告書を提出しなければならない。ただし、第一号に掲げる金額が10万円以下である場合又は当該金額がない場合は、当該申告書を提出することを要しない。

一　当該事業年度の前事業年度の確定申告書に記載すべき第74条第１項第二号（確定申告）に掲げる金額で当該事業年度開始の日以後６月を経過した日の前日までに確定したものを当該前事業年度の月数で除し、これに６を乗じて計算した金額

2　前項の場合において、同項の普通法人が適格合併に係る合併法人で次の各号に掲げる期間内にその適格合併をしたものであるときは、その普通法人が提出すべき当該事業年度の中間申告書については、前項第一号に掲げる金額は、同号の規定にかかわらず、同号の規定により計算した金額に相当する金額に当該各号に定める金額を加算した金額とする。

一　当該事業年度の前事業年度　当該普通法人の当該事業年度開始の日の１年前の日以後に終了した被合併法人の各事業年度の確定申告書に記載すべき第74条第１項第二号に掲げる金額で当該普通法人の当該事業年度開始の日以後６月を経過した日の前日までに確定したものをその計算の基礎となった当該被合併法人の事業年度の月数で除し、これに当該普通法人の当該前事業年度の月数のうちに占める当該前事業年度開始の日からその適格合併の日の前日までの期間の月数の割合に６を乗じた数を乗じて計算した金額

6-8 「抱合せ株式消滅損益」に係る 別表4・5（1）の作成

Q

　当社（親法人）は、当期首に完全子法人を吸収合併しました。この合併は適格に該当します。また、この吸収合併については、当社の個別財務諸表上、次のような会計処理を行っています。

(単位：千円)

借　方		貸　方	
科　目	金　額	科　目	金　額
資　産	500	負　債	500
抱合せ株式消滅損	100	子法人株式	100

　上記の会計処理において、税務上の調整が必要でしょうか。
　なお、数値は簡略化しています。

Point

　親法人が子法人を吸収合併（適格）した際に、親法人の個別財務諸表上で認識する「抱合せ株式消滅損益」は、税務上、その損益がなかったものとしなければならないため、別表4と5（1）において所要の調整をします。

A

貴社は、税務上、次のように別表4と5（1）で調整することになります。

（別表4）

区　分		総　額	処		分	
			留　保		社　外　流　出	
		①	②		③	
加算	抱合せ株式消滅損	100,000	100,000			

214

（別表 5 （ 1 ））

I 利益積立金額の計算に関する明細書		当　期　の　増　減		差引翌期首現在 利益積立金額 ①-②+③
区　　　　分	期　首　現　在 利　益　積　立　金　額	減	増	
	①	②	③	④
抱合せ株式消滅損		100,000	100,000	0
その他利益剰余金		100,000		△　100,000

解　説

1 制度の概要

　「抱合せ株式消滅損益」とは、親法人が子法人株式を通じて有する、子法人の含み損益のことです。

　この点、会計的には、親法人の個別財務諸表上、帳簿価額のまま計上されていた子法人株式について、吸収合併したことを契機として、これまでの投資損益をまとめて計上するという考え方から、この「抱合せ株式消滅損益」という勘定科目で損益として計上します（企結基準42（注10））。一方、連結財務諸表上は、既に利益剰余金に含まれていることから、改めて「抱合せ株式消滅損益」として損益に計上する必要はありません。

　なお、「抱合せ株式消滅損益」という勘定科目自体は、原則、親法人が子法人を吸収合併した場合に出てくるものですが、子法人同士の合併においても、当該子法人がもう一方の子法人の株式を有していれば認識されます。

2 当該事例の考え方

　当該事例における合併は適格に該当するとのことですので、税務上、帳簿価額による引継ぎが強制されます（法法62の 2 ①）。したがって、会計処理上、貴社の財務諸表に計上された「抱合せ株式消滅損」はなかったものとする必要がありますので、この部分を別表4、別表5（1）において調整しなければなりません。

　具体的には、別表4で「抱合せ株式消滅損100,000円」を加算留保欄に、また、別表5（1）で「抱合せ株式消滅損100,000円」を当期増減欄に、さらに「その他利益剰余金100,000円」を当期減欄にそれぞれ記入します。

　なお、当該事例における税務上の仕訳としては、次のようになります。

（単位：千円）

借　方		貸　方	
科　目	金　額	科　目	金　額
資　　産	500	負　債	500
その他利益剰余金	100	子法人株式	100

企業結合に関する会計基準（共通支配下の取引　個別財務諸表上の会計処理）

42. 移転された資産及び負債の差額は、純資産として処理する（注10）。

（注10）共通支配下の取引により子会社が法律上消滅する場合には、当該子会社に係る子会社株式（抱合せ株式）の適正な帳簿価額とこれに対応する増加資本との差額は、親会社の損益とする。

第6章 企業組織再編税制

6-9 会社分割の意義

Q

　当社では、今後の長期的な事業計画の一環として、M＆Aや企業組織再編といった思い切った経営戦略プランを検討しています。

　そこで、企業組織再編の中でも、最も注目されている会社分割について、その意義を教えてください。

Point

　企業組織再編には、合併、会社分割、株式交換、現物分配、株式移転、現物出資といった手法があります。企業組織再編を行う目的には様々なものがありますが、一義的には、企業を持続的に成長させるという点にあると考えます。この企業組織再編を法的に支えているものとして、会社法、会計基準及び税法などがあります。

A

　会社分割とは、端的に言えば、ある会社の事業を別会社とすることです。すなわち、会社の事業に帰属する権利義務を包括的に別の会社に承継する組織法上の行為です。

解 説

1 会社分割の意義

　会社分割は、株式会社又は合同会社がその事業に関して有する権利義務の全部又は一部を新設会社又は既存会社に承継するものです。

2 会社分割の種類

　会社分割には、新たに設立する会社に分割会社の権利義務を承継させる「新設分割」と、

217

既存の他の会社に分割会社の権利義務を承継させる「吸収分割」があります（会社法2二十九、三十）。

　また、会社分割は、「物的分割」と「人的分割」にも区分できます。物的分割とは、分社型とも呼ばれますが、分割承継会社が発行する株式等を分割会社へ割り当てるものです。一方、人的分割とは、分割型とも呼ばれますが、分割承継会社が発行する株式を分割会社の株主へ割り当てるというものです。なお、会社法上、人的分割（分割型）の考え方は既に廃止されています。

❸ 事業譲渡との相違点

　会社分割は、事業に関する権利義務を承継させるという点では事業譲渡と類似していますが、次のとおり、行為の性質等において両者は相違します。

	会 社 分 割	事 業 譲 渡
行為の性質	組織法上の行為である	取引法上の行為である
分 割 会 社 の 権利義務の移転	包括承継される	個別に手続が必要である
対 価	株 式 等	金銭その他の財産

会社法第2条（定義）

二十九　吸収分割　株式会社又は合同会社がその事業に関して有する権利義務の全部又は一部を分割後他の会社に承継させることをいう。

三十　新設分割　一又は二以上の株式会社又は合同会社がその事業に関して有する権利義務の全部又は一部を分割により設立する会社に承継させることをいう。

6-10 会社分割の会計処理

Q

（6-9の続き）

当社では、今後の長期的な事業計画の一環として、M＆Aや企業組織再編といった思い切った経営戦略プランを検討しています。

そこで、企業組織再編の中でも、現在、最も注目されている会社分割の会計処理を教えてください。

Point

会社分割の会計処理については、「事業分離等に関する会計基準」（企業会計基準第7号）において、その取扱いが示されています。

事業分離とは、ある企業を構成する事業を他の企業に移転することです（事分基準4）。会社分割は、会計基準上は、この事業分離の一形態です。

なお、会社分割により事業を移転した分離元企業には、事業分離等に関する会計基準が適用されますが、分離元企業より事業を取得した分離先企業については、企業結合に関する会計基準が適用されます。

A

分離元企業にとって、移転した事業に関する投資が清算されたとみる場合には移転損益が認識されますが、移転した事業に関する投資がそのまま継続しているとみる場合には移転損益は認識されません。

解説

会社分割を含む事業分離等の会計処理においては、分離元企業が会社分割によって移転した事業に関する投資が清算されたとみるのか、あるいは、会社分割したものの移転した事業に関する投資がそのまま継続しているとみるのかという2つの概念があり、これに

よって、移転損益の認識や受取資産の取得対価の会計処理が相違します（事分基準10）。

この点を簡潔に整理すると、次のようになります。

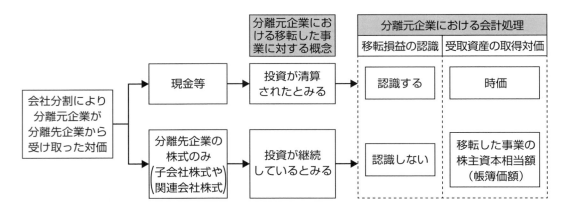

まず、会社分割によって分離元企業が分離先企業から受け取った対価が、現金等の場合には、分離元企業にとって移転した事業に対する投資は清算されたものとみなします。したがって、受け取った現金等と移転した事業に係る株主資本相当額（帳簿価額）との差額を移転損益として認識するとともに、受取資産の取得対価は現金等の金額（時価）で計上します。

一方、会社分割によって分離元企業が分離先企業から受け取った対価が、分離先企業の株式のみの場合には、分離元企業にとって移転した事業に対する投資はそのまま継続しているものと考えます。これは、受け取った分離先企業の株式の所有を通じて、分離元企業が移転した事業に対する投資を引き続き行っているとみるからです。したがって、分離元企業において移転損益は認識されず、受取資産の取得対価は移転した事業の株主資本相当額（帳簿価額）となります。

なお、分離元企業における具体的な会計処理については、受け取った対価が、①現金等の場合、②分離先企業の株式のみの場合、③現金等と分離先企業の株式の場合に区別し、さらに、分離先企業が、①子会社の場合、②関連会社の場合、③その他の場合に分けて、それぞれ会計基準に規定されています（事分基準14〜26）。

第6章 企業組織再編税制

事業分離等に関する会計基準

4.「事業分離」とは、ある企業を構成する事業を他の企業（新設される企業を含む。）に移転することをいう。なお、複数の取引が1つの事業分離を構成している場合には、それらを一体として取り扱う。

10. 分離元企業は、事業分離日に、次のように会計処理する。

（1）移転した事業に関する投資が清算されたとみる場合には、その事業を分離先企業に移転したことにより受け取った対価となる財の時価と、移転した事業に係る株主資本相当額（移転した事業に係る資産及び負債の移転直前の適正な帳簿価額による差額から、当該事業に係る評価・換算差額等及び新株予約権を控除した額をいう。以下同じ。）との差額を移転損益として認識するとともに、改めて当該受取対価の時価にて投資を行ったものとする。

現金など、移転した事業と明らかに異なる資産を対価として受け取る場合には、投資が清算されたとみなされる（第14項から第16項及び第23項参照）。ただし、事業分離後においても、分離元企業の継続的関与（分離元企業が、移転した事業又は分離先企業に対して、事業分離後も引き続き関与すること）があり、それが重要であることによって、移転した事業に係る成果の変動性を従来と同様に負っている場合には、投資が清算されたとみなされず、移転損益は認識されない。

（2）移転した事業に関する投資がそのまま継続しているとみる場合、移転損益を認識せず、その事業を分離先企業に移転したことにより受け取る資産の取得原価は、移転した事業に係る株主資本相当額に基づいて算定するものとする。

子会社株式や関連会社株式となる分離先企業の株式のみを対価として受け取る場合には、当該株式を通じて、移転した事業に関する事業投資を引き続き行っていると考えられることから、当該事業に関する投資が継続しているとみなされる（第17項から第22項参照）。

いずれの場合においても、分離元企業において、事業分離により移転した事業に係る資産及び負債の帳簿価額は、事業分離日の前日において一般に公正妥当と認められる企業会計の基準に準拠した適正な帳簿価額のうち、移転する事業に係る金額を合理的に区分して算定する。

6-11 会社分割の税務

Q

（6-10の続き）

当社では、今後の長期的な事業計画の一環として、M＆Aや企業組織再編といった思い切った経営戦略プランを検討しています。

そこで、企業組織再編の中でも、最も注目されている会社分割について、税務上、留意すべき取扱いを教えてください。

Point

会社分割の税務を理解するに当たってのポイントは、適格と非適格の区分を正確に判定することと、会計と税務の違いを知ることです。

A

会社分割について、税務上、留意すべき主な取扱いは、次のとおりです。

① 適格分割であれば、会社分割に伴う資産等の移転は、帳簿価額による引継ぎ・譲渡となる（法法62の2②、62の3①）。

② 非適格分割であれば、会社分割に伴う資産等は時価で移転したものとして、譲渡損益を認識する（法法62①②）。ただし、当事者間に完全支配関係があれば、グループ法人税制の適用により、その譲渡損益は原則として繰り延べられる（法法61の13①）。

③ 税務上の適格・非適格の要件は、「事業分離等に関する会計基準」における投資の清算と継続の考え方とは、全く独立したものである。

④ 分割承継法人が支出した取得関連費用は、取得原価を構成する（法令54①一）。

⑤ 非適格分割の場合には、分割承継法人において資産調整勘定又は負債調整勘定を認識し、それを5年で均等償却する（法法62の8、法令123の10）。なお、平成29年度税制改正により、償却初年度に月割計算が必要とされた。

⑥ 会社分割においては、繰越欠損金の引継ぎはできない。

222

⑦　平成29年度税制改正により適格分割の範囲が拡充され、単独新設分割型分割で、分割法人の分割前に行う事業を分割により新たに設立する分割承継法人において独立して行うための分割として、一定の要件に該当するものが追加された（法法２十二の十一ニ、法令４の３⑨）。

⑧　分割法人については、「適格分割等による期中損金経理額等の損金算入に関する届出書」等の提出が必要な場合がある（法法31③等）。また、分割法人、分割承継法人ともに、「異動届出書」の提出が必要である。

⑨　特定資産に係る譲渡等損失額の損金不算入制度（法法62の７）について、平成29年度税制改正により、支配関係発生日の属する事業年度開始の日に有する資産も当該制度の対象とされた。

法人税法第62条の２第２項（適格合併及び適格分割型分割による資産等の帳簿価額による引継ぎ）

　内国法人が適格分割型分割により分割承継法人にその有する資産又は負債の移転をしたときは、前条第１項の規定にかかわらず、当該分割承継法人に当該移転をした資産及び負債の<u>当該適格分割型分割の直前の帳簿価額</u>による<u>引継ぎ</u>をしたものとして、当該内国法人の各事業年度の所得の金額を計算する。

法人税法第62条の３第１項（適格分社型分割による資産等の帳簿価額による譲渡）

　内国法人が適格分社型分割により分割承継法人にその有する資産又は負債の移転をしたときは、第62条第１項（合併及び分割による資産等の時価による譲渡）の規定にかかわらず、当該分割承継法人に当該移転をした資産及び負債の<u>当該適格分社型分割の直前の帳簿価額による譲渡</u>をしたものとして、当該内国法人の各事業年度の所得の金額を計算する。

法人税法第62条（合併及び分割による資産等の時価による譲渡）

１　内国法人が合併又は分割により合併法人又は分割承継法人にその有する資産又は負債の移転をしたときは、当該合併法人又は分割承継法人に当該移転をした資産及び負債の当該<u>合併又は分割の時の価額による譲渡</u>をしたものとして、当該内国法人の各事業年度の所得の金額を計算する。

２　合併により合併法人に移転をした資産及び負債の<u>当該移転による譲渡に係る譲渡利益額又は譲渡損失額は、当該合併に係る最後事業年度の所得の金額の計算上、益金の額又は損金の額に算入</u>する。

6-12 適格分社型分割に係る税務上の処理

Q

当社では、今般、適格分社型分割によりA事業を完全支配関係のない子法人に移転し、子法人では移転されたA事業に対する対価として、新株を発行（全額を資本金）する予定です。

そこで、当社と子法人それぞれにおける、A事業の分割時の税務上の仕訳と分割後の貸借対照表はどうなりますか。なお、分割前における当社と子法人の貸借対照表及び移転するA事業（負債はありません）の状況は、次のとおりです。なお、数値については、便宜上、簡略化しています。

（当　社）

借　方		貸　方	
科　目	金　額	科　目	金　額
A事業	500	負債	500
その他資産	500	資本金	200
		利益剰余金	300
計	1,000	計	1,000

（子法人）

借　方		貸　方	
科　目	金　額	科　目	金　額
資産	500	負債	300
		資本金	100
		利益剰余金	100
計	500	計	500

（注）A事業には含み益が100認められる。

Point

分社型分割とは、会社分割の対価となる株式等が分割会社に交付されるものをいいます。当該事例は適格分社型分割ですので、税務上、会社分割に伴う資産等の移転は、分割直前の帳簿価額による譲渡となります。

A

貴社と子法人それぞれにおける、A事業の分割時の税務上の仕訳と分割後の貸借対照表は、次のようになります。

第6章｜企業組織再編税制

貴社		

（分割時の税務上の仕訳）

借　方		貸　方	
科　目	金　額	科　目	金　額
子法人株式	500	A事業	500

（分割後の貸借対照表）

借　方		貸　方	
科　目	金　額	科　目	金　額
子法人株式	500	負債	500
その他資産	500	資本金	200
		利益剰余金	300
計	1,000	計	1,000

子法人		

（分割時の税務上の仕訳）

借　方		貸　方	
科　目	金　額	科　目	金　額
A事業	500	資本金	500

（分割後の貸借対照表）

借　方		貸　方	
科　目	金　額	科　目	金　額
資産	500	負債	300
A事業	500	資本金	600
		利益剰余金	100
計	1,000	計	1,000

解　説

❶ 貴社における税務上の処理

　貴社においては、A事業を適格分社型分割により子法人へ移転することで、その対価として子法人株式を受け取っています。したがって、税務上、A事業を分割直前の帳簿価額により譲渡したものとして譲渡損益を繰り延べるとともに、A事業を子法人株式に振り替える処理を行います（法法62の3①）。

　なお、税務上このように処理するのは、「事業分離等に関する会計基準」における「投資の継続」の考え方を参考とすれば、子法人株式の保有を通じて貴社がA事業を引き続き行っている、すなわち、たとえ分割によってA事業が子法人へ移転したとしても、A事業に対する実質的な支配は依然として貴社が有していると考えるためです。

❷ 子法人における税務上の処理

　子法人においては、A事業を適格分社型分割により貴社から取得し、その対価として新株を発行しています。したがって、A事業を貴社の分割直前の帳簿価額により受け入れるとともに、その対価として発行した新株については、A事業の帳簿価額に相当する金額をそのまま資本金とする処理を行います。

225

参 考

　当該事例おける分社型分割が仮に非適格となる場合には、分割時の税務上の仕訳は、分割時の価額、すなわち時価により処理することとなります（法法62①②）。A事業の時価は、含み益100を含めた600ですので、貴社においては分割の対価である子法人株式を600で認識するとともに、A事業の帳簿価額との差額100をA事業譲渡益として計上します。

　また、子法人においては、新株発行で取得したA事業を時価600で認識しますので、その相手科目である資本金も600で計上することになります。

　なお、この場合の分割時の税務上の仕訳と分割後の貸借対照表は、次のとおりとなります。

貴社

（分割時の税務上の仕訳）

借　　方		貸　　方	
科　目	金　額	科　目	金　額
子法人株式	600	A事業	500
		A事業譲渡益	100

（分割後の貸借対照表）

借　　方		貸　　方	
科　目	金　額	科　目	金　額
子法人株式	600	負債	500
その他資産	500	資本金	200
		利益剰余金	400
計	1,100	計	1,100

子法人

（分割時の税務上の仕訳）

借　　方		貸　　方	
科　目	金　額	科　目	金　額
A事業	600	資本金	600

（分割後の貸借対照表）

借　　方		貸　　方	
科　目	金　額	科　目	金　額
資産	500	負債	300
A事業	600	資本金	700
		利益剰余金	100
計	1,100	計	1,100

6-13 デット・エクイティ・スワップの税務上の取扱い

Q

当社（P社）は、長年にわたって債務超過の状態が続いていたことから、先日、融資元のS社より、デット・エクイティ・スワップ（Debt Equity Swap、以下「DES」といいます。）による再建策の提案を受けました。なお、現在、S社からの借入金が10,000あり、DES実行時における当社株式の時価は3,000と考えています。

そこで、このDESについて、それぞれ次のようなケースにおける税務上の取扱いを教えてください。

① DESが「適格現物出資」に該当する場合
② DESが「非適格現物出資」に該当し、合理的な再建計画に基づくなどDESの実行に相当の理由がある場合
③ DESが②以外の「非適格現物出資」に該当する場合

Point

DESにおける税務上のポイントは、DESが「適格現物出資」に該当するのか、あるいは「非適格現物出資」に該当するのかによって、債務者及び債権者ともにその取扱いが相違するという点です。

A

当該事例における税務上の取扱いとしては、原則として次のようになります。
① DESが「適格現物出資」に該当する場合

	借方		貸方	
	科目	金額	科目	金額
P社	借入金	10,000	資本金	10,000
S社	P社株式	10,000	貸付金	10,000

227

② ＤＥＳが「非適格現物出資」に該当し、合理的な再建計画に基づくなどＤＥＳの実行に相当の理由がある場合

	借　方		貸　方	
	科　目	金　額	科　目	金　額
Ｐ社	借　入　金	10,000	資　本　金 債務免除益	3,000 7,000
Ｓ社	Ｐ　社　株　式 貸付債権譲渡損	3,000 7,000	貸　付　金	10,000

③ ＤＥＳが②以外の「非適格現物出資」に該当する場合

	借　方		貸　方	
	科　目	金　額	科　目	金　額
Ｐ社	借　入　金	10,000	資　本　金 債務免除益	3,000 7,000
Ｓ社	Ｐ　社　株　式 寄　附　金	3,000 7,000	貸　付　金	10,000

解 説

■1 制度の概要

　ＤＥＳとは、債務の資本化という意義です。ＤＥＳは、実務上、債務超過となっている法人等の再建支援策の一環として行われるケースが多く、具体的には、

イ　債務者の立場からは、借入金を資本金等に振り替える取引（混同）

ロ　債権者の立場からは、金銭債権を出資財産とする現物出資

であるといえます。

　ＤＥＳについて、債務者及び債権者からみたメリットやデメリットとしては、一般的に次のような点が指摘されています。

	メリット	デメリット
債務者	○　財務体質を改善できる ○　借入金の元本や利息を支払わなくてすむ	○　債権者は、以後、株主として影響力を有する
債権者	○　株主という立場から、経営に参画することができる ○　配当金を収受できる	○　利息を収受できない ○　資本金は原則として払戻しされない

なお、ＤＥＳは、税務上、「適格現物出資」と「非適格現物出資」に区分されます。適格現物出資とは、株式保有要件又は共同事業要件のいずれかを満たす現物出資で、現物出資法人（債権者）に被現物出資法人（債務者）の株式のみが交付されるものをいいます（法法２十二の十四など）。一方、非適格現物出資とは、適格現物出資以外の現物出資をいいます。

2 当該事例の考え方

当該事例においては、原則として、次のように取り扱われます。

① ＤＥＳが「適格現物出資」に該当する場合

ＤＥＳが適格現物出資に該当する場合には、現物出資直前の帳簿価額により譲渡したものとされますので、Ｐ社においては借入金が資本金に振り替えられ、Ｓ社においては貸付金がＰ社株式に振り替えられます（法法62の４①）。ただし、Ｓ社がＰ社への貸付金の一部を既に貸倒損失に計上しているなどＳ社の貸付金がＰ社の借入金に満たない場合には、その満たない部分の金額については、Ｐ社において債務免除益を計上しなければなりません（法法22②）。

② ＤＥＳが「非適格現物出資」に該当し、合理的な再建計画に基づくなどＤＥＳの実行に相当の理由がある場合

ＤＥＳが非適格現物出資に該当する場合には、いわゆる時価により譲渡したものとされますので、Ｐ社においては、Ｓ社からの借入金とＳ社に発行するＰ社株式の時価3,000との差額7,000が債務免除益となります。

一方、Ｓ社においては、Ｐ社に対する貸付金とＰ社から受け取るＰ社株式の時価3,000との差額7,000が、貸付債権譲渡損などの損金科目として処理できます。なお、これは、ＤＥＳの実行が合理的な再建計画に基づくものであるなど相当な理由がある場合に限って認められます（法基通２−３−14、９−４−２）。

③ ＤＥＳが②以外の「非適格現物出資」に該当する場合

ＤＥＳが非適格現物出資に該当する場合には、いわゆる時価により譲渡したものとされますので、Ｐ社の処理としては、②と同じ取扱いとなります。

一方、Ｓ社においては、Ｐ社に対する貸付金とＰ社から受け取るＰ社株式の時価3,000との差額7,000が、税務上は寄附金として処理されます（法法37⑧）。この点が②と相違するわけですが、これは、ＤＥＳの実行に合理的な再建計画など相当な理由がない場合には、実質的に差額7,000をＳ社がＰ社に贈与したものと考えるからです。

法人税法第62の4第1項（適格現物出資による資産等の帳簿価額による譲渡）

　内国法人が適格現物出資により被現物出資法人にその有する資産の移転をし、又はこれと併せてその有する負債の移転をしたときは、当該被現物出資法人に当該移転をした資産及び負債の当該適格現物出資の直前の帳簿価額による譲渡をしたものとして、当該内国法人の各事業年度の所得の金額を計算する。

法人税基本通達2−3−14（債権の現物出資により取得した株式の取得価額）

　子会社等に対して債権を有する法人が、合理的な再建計画等の定めるところにより、当該債権を現物出資（法第2条第12号の14《適格現物出資》に規定する適格現物出資を除く。）することにより株式を取得した場合には、その取得した株式の取得価額は、令第119条第1項第2号《有価証券の取得価額》の規定に基づき、当該取得の時における給付をした当該債権の価額となることに留意する。

法人税基本通達9−4−2（子会社等を再建する場合の無利息貸付け等）

　法人がその子会社等に対して金銭の無償若しくは通常の利率よりも低い利率での貸付け又は債権放棄等をした場合において、その無利息貸付け等が例えば業績不振の子会社等の倒産を防止するためにやむを得ず行われるもので合理的な再建計画に基づくものである等その無利息貸付け等をしたことについて相当な理由があると認められるときは、その無利息貸付け等により供与する経済的利益の額は、寄附金の額に該当しないものとする。

（注）　合理的な再建計画かどうかについては、支援額の合理性、支援者による再建管理の有無、支援者の範囲の相当性及び支援割合の合理性等について、個々の事例に応じ、総合的に判断するのであるが、例えば、利害の対立する複数の支援者の合意により策定されたものと認められる再建計画は、原則として、合理的なものと取り扱う。

法人税法第37条第8項（寄附金の損金不算入）

　内国法人が資産の譲渡又は経済的な利益の供与をした場合において、その譲渡又は供与の対価の額が当該資産のその譲渡の時における価額又は当該経済的な利益のその供与の時における価額に比して低いときは、当該対価の額と当該価額との差額のうち実質的に贈与又は無償の供与をしたと認められる金額は、前項の寄附金の額に含まれるものとする。

第7章

申告手続関係

7-1 白色申告時における青色欠損金の繰越控除

Q

当社は中小法人で、現在、白色申告を行っていますが、当期は所得金額が黒字となりました。

当社には、過去10年以内の青色申告していた事業年度における繰越欠損金がありますが、当期の所得金額の計算上、この青色欠損金の繰越控除をすることができますか。

Point

青色欠損金の繰越控除をする場合には、その控除しようとする事業年度が青色申告であるか、白色申告であるかは問いません。しかし、青色欠損金を繰り越す場合には、欠損金が生じた事業年度が青色申告でなければなりません。

A

貴社は、当期の所得金額の計算上、青色欠損金の繰越控除をすることができます。

解 説

1 制度の概要

法人は永続的に事業を営むことが前提とされていますが、法人税は事業年度単位で課税する仕組みとなっています。そこで、各事業年度で生ずる税負担のバランスを図り、法人の財務体質を安定化させるため、一定の要件の下、青色欠損金の繰越しが認められています（法法57①）。

青色欠損金の繰越し制度とは、各事業年度開始の日前10年以内に開始した事業年度で青色申告書を提出した事業年度に生じた欠損金額について、各事業年度の所得の金額の計算上、損金の額に算入できるというものです。なお、中小法人等以外の法人における青色欠損金の繰越控除については、各事業年度の所得の金額の50％が限度とされます（法法57⑪一）。

第7章｜申告手続関係

また、この制度の適用に当たっては、その事業年度開始の日前10年以内に開始した事業年度の欠損金であることや、欠損金の生じた事業年度において青色申告書である確定申告書を提出していることなどの要件があります（法法57、法基通12－1－1）。

2 当該事例の考え方

青色欠損金の繰越し制度は、**1**で述べたように、青色申告した事業年度において生じた欠損金を将来の税負担を軽減するために繰り越そうというものですので、繰り越すことができる欠損金は、青色申告した事業年度で生じたものでなければなりません。

しかし、青色欠損金を実際に控除する事業年度については、青色申告でなければならないといった要件等は法令上ありません。

したがって、貴社は現在、白色申告を行っているとのことですが、過去10年以内に開始した事業年度における青色欠損金を有していますので、当期の所得金額の計算上、青色欠損金の繰越控除をすることができます。

法人税法第57条第1項（青色申告書を提出した事業年度の欠損金の繰越し）

内国法人の各事業年度開始の日前10年以内に開始した事業年度において生じた欠損金額がある場合には、当該欠損金額に相当する金額は、当該各事業年度の所得の金額の計算上、損金の額に算入する。ただし、当該欠損金額に相当する金額が当該欠損金額につき本文の規定を適用せず、かつ、第59条第2項（会社更生等による債務免除等があった場合の欠損金の損金算入）、同条第3項及び第62条の5第5項（現物分配による資産の譲渡）の規定を適用しないものとして計算した場合における当該各事業年度の所得の金額の100分の50に相当する金額を超える場合は、その超える部分の金額については、この限りでない。

233

7-2 欠損金の繰戻しによる法人税額の還付

Q

当社は中小法人ですが、前期の確定申告の提出後、決算調整事項の一部に誤りが判明したことから修正申告書を提出しています。一方、当期は経営不振のため欠損申告となる見込みですので、「欠損金の繰戻しによる法人税額の還付制度」を適用したいと考えています。

そこで、この還付制度を適用するに当たって、前期の還付所得事業年度の法人税額は、当初の確定申告書に基づく法人税額をベースにするのか、それとも修正申告書に基づく法人税額をベースにするのか、いずれになりますか。

なお、当社では解散等の事実は生じていません。

Point

欠損金の繰戻しによる法人税額の還付制度の適用に当たって、前期の還付所得事業年度の法人税額は、還付請求する段階で最終的に確定している法人税額がベースとなります。

A

貴社の還付所得事業年度である前期の法人税額は、修正申告書に基づく法人税額がベースとなります。

解説

1 制度の概要

欠損金の繰戻しによる還付制度とは、青色申告書である確定申告書を提出する法人が、各事業年度において欠損が生じた場合において、その欠損金を欠損が生じた事業年度（欠損事業年度）開始の日前1年以内に開始した事業年度（還付所得事業年度）の所得に繰り戻し、その事業年度の所得に対する法人税額の全部又は一部を還付請求することができる

というものです（法法80①）。言い換えれば、前期に所得が生じていたものの、当期に欠損となった場合に、前期で納付済の法人税を一定の範囲内で取り戻すことができるという制度です。

また、還付請求できる金額は、次の算定式により計算した金額です。

（算定式）

$$還付請求できる金額 = \frac{還付所得事業年度}{（前期）の法人税額} \times \frac{欠損事業年度（当期）の欠損金額}{還付所得事業年度（前期）の所得金額}$$

なお、この還付制度は、解散や災害が生じた場合を除いて、平成4年4月1日から平成32年3月31日までの間は、その適用が停止されています。ただし、一定の要件を満たす中小法人等については、その不適用措置の対象から除かれているため、この還付制度を適用することができます（措法66の13、措令39の24）。

② 当該事例の考え方

還付所得事業年度である前期の法人税額については、法令上、例えば当初の確定申告書に基づく法人税額などと限定されているわけではありません。

したがって、貴社が前期分で修正申告書を提出している場合には、還付請求する段階で最終的に確定している当該修正申告書に基づく法人税額が、還付所得事業年度の法人税額となります。

法人税法第80条第1項（欠損金の繰戻しによる還付）

内国法人の青色申告書である確定申告書を提出する事業年度において生じた欠損金額がある場合には、その内国法人は、当該確定申告書の提出と同時に、納税地の所轄税務署長に対し、当該欠損金額に係る事業年度（以下この条において「欠損事業年度」という。）開始の日前1年以内に開始したいずれかの事業年度の所得に対する法人税の額に、当該いずれかの事業年度（以下この条において「還付所得事業年度」という。）の所得の金額のうちに占める欠損事業年度の欠損金額に相当する金額の割合を乗じて計算した金額に相当する法人税の還付を請求することができる。

7-3 清算確定事業年度における欠損金の繰越控除

Q

　当社は数年前に解散し、当期末（平成30年12月16日）をもって清算確定しました。当期においては、残余財産の処分や、借入金の債務免除益によって、所得金額は黒字となりましたが、前期以前から繰り越された欠損金を有しています。この欠損金を当期の所得金額から控除できますか。

Point

　清算中及び清算確定事業年度における欠損金の繰越控除については、青色欠損金の繰越し制度で控除できなかった欠損金についても、いわゆる期限切れ欠損金の損金算入制度を適用して控除できる場合があります。

A

　貴社においては、まず、当該事業年度開始の日前10年以内に開始した事業年度の青色欠損金額があれば、青色欠損金の繰越控除として当期の所得金額から控除します。さらに、それ以外の欠損金についても、一定の計算を基礎とした金額を、いわゆる期限切れ欠損金として当期の所得金額から控除することができる場合があります。

解 説

1 制度の概要

　青色欠損金の繰越控除とは、各事業年度開始の日前10年以内に開始した事業年度で青色申告書を提出した事業年度に生じた欠損金額について、各事業年度の所得の金額の計算上、損金の額に算入できるという制度です（法法57①）。

　また、いわゆる期限切れ欠損金の損金算入とは、法人が平成22年10月1日以後に解散し残余財産がないと見込まれるときに、その清算中に終了する事業年度（青色欠損金の繰越

控除などの適用を受ける事業年度を除きます。）前の各事業年度において生じた欠損金額について、一定の計算を基礎とした金額を、各適用年度の所得の金額の計算上、損金の額に算入できるという制度です（法法59③、法令118）。

なお、この期限切れ欠損金の損金算入は、青色欠損金の繰越控除後に損金に算入できることとされており、欠損金の繰越控除の順番としては、青色欠損金の繰越控除が優先されます。

2 当該事例の考え方

当該事例においては、前期以前から繰り越された欠損金の詳細は不明ですが、貴社が有する欠損金が、当該事業年度開始の日前10年以内に開始した事業年度の青色欠損金額であれば、青色欠損金の繰越控除として当期の所得金額から控除できます。

さらに、その青色欠損金の繰越控除の対象とならなかった欠損金についても、

① 解散の時期が平成22年10月１日以後である

② 残余財産がすでに処分され、残余財産がないと見込まれる

場合には、一定の計算を基礎とした金額を、いわゆる期限切れ欠損金として当期の所得金額から控除することができる場合があります。

参考

平成22年10月１日以後の解散における解散事業年度以降の「青色欠損金の繰越控除」等の適用関係については、次のとおりです（法法57①、59③、80①④）。

なお、中小法人等以外の法人への適用に当たっては、一定の所得控除限度額や制限等が設けられていることに留意してください（法法57①）。

制度 ＼ 事業年度	解散	清算中	清算確定
青色欠損金の繰越控除	適用可（法法57①）		
欠損金の繰戻し還付	適用可（法法80④）	適用可（法法80①）	
期限切れ欠損金の損金算入	適用不可	残余財産がないと見込まれるときに適用可（法法59③）	

237

7-4 解散による「みなし事業年度」

Q

当社は 3 月末決算の法人です。この度、長引く業績の低迷から、平成30年
4 月29日に解散しました。法人が解散した場合には、事業年度が変更すると
聞きましたが、当社の場合、当期と翌期の事業年度は、どのようになるので
しょうか。

なお、当社の解散は合併によるものではありません。

Point

株式会社が合併以外により解散した場合の事業年度は、その事業年度開始の日
から解散の日までの期間、それ以後は、その解散の日の翌日から始まる 1 年の期
間となります。

A

貴社の当期の事業年度は、平成30年 4 月 1 日から平成30年 4 月29日、翌期の事業年度は、
平成30年 4 月30日から平成31年 4 月29日となります。

解 説

1 制度の概要

事業年度とは、法人の会計期間として定款等で定められたものをいいます（法法13①）。

また、みなし事業年度とは、法人が解散や破産、組織変更等の一定の事由に該当した場
合に、それぞれの事由ごとに定められた期間を事業年度としてみなすというものです（法
法14①）。

2 当該事例の考え方

法人が合併以外により解散した場合には、その事業年度開始の日から解散の日までの期

238

間、及びその解散の日の翌日から事業年度終了の日までの期間が、それぞれみなし事業年度とされます（法法14①一）。また、株式会社等が解散した場合の事業年度は、株式会社等の定款で定められた事業年度ではなく、解散の日の翌日から始まる１年間とされています（法基通１－２－９）。

　したがって、平成30年４月29日に解散した貴社の事業年度は、

①　当期が平成30年４月１日から平成30年４月29日

②　翌期が平成30年４月30日から平成31年４月29日

となります。

法人税法第14条第１項（みなし事業年度）

　次の各号に規定する法人が当該各号に掲げる場合に該当することとなつたときは、前条第１項の規定にかかわらず、当該各号に定める期間をそれぞれ当該法人の事業年度とみなす。
一　内国法人が事業年度の中途において解散（合併による解散を除く。）をした場合　その事業年度開始の日から解散の日までの期間及び解散の日の翌日からその事業年度終了の日までの期間

法人税基本通達１－２－９（株式会社等が解散等をした場合における清算中の事業年度）

　株式会社又は一般社団法人若しくは一般財団法人が解散等をした場合における清算中の事業年度は、当該株式会社等が定款で定めた事業年度にかかわらず、会社法第494条第１項又は一般法人法第227条第１項《貸借対照表等の作成及び保存》に規定する清算事務年度になるのであるから留意する。

会社法第494条第１項（貸借対照表等の作成及び保存）

　清算株式会社は、法務省令で定めるところにより、各清算事務年度（第475条各号に掲げる場合に該当することとなった日の翌日又はその後毎年その日に応当する日（応当する日がない場合にあっては、その前日）から始まる各１年の期間をいう。）に係る貸借対照表及び事務報告並びにこれらの附属明細書を作成しなければならない。

参考

　以下の表は、みなし事業年度について、解散等の事由ごとに、その前後の事業年度を整理したものです。

区分等				事由前後の事業年度		参考法令等
事由	法人の種類	移行前	移行後	前	後	
中途解散	合併以外 株式会社 一般社団法人 一般財団法人	－	－	事業年度開始の日 〜 解散の日	解散の日の翌日 〜 解散の日から始まる1年の期間	法法14①一 法基通 1-2-9
	上記以外の法人				解散の日の翌日 〜 事業年度の終了の日	
	合　　併			事業年度開始の日 〜 合併の日の前日	－	法法14①二
破産	－			事業年度開始の日 〜 破産の日	破産の日の翌日 〜 事業年度の終了の日	
収益事業開始	内国法人である公益法人等又は人格のない社団等	－	－	－	収益事業を開始した日 〜 事業年度の終了の日	法法14① 十九
組織変更	－	公益法人等	普通法人 協同組合	事業年度開始の日 〜 該当することとなった日の前日	該当することとなった日 〜 事業年度の終了の日	法法14① 二十
	－	普通法人 協同組合	公益法人等			
	－	非営利型法人	公益社団法人 公益財団法人	事業年度開始の日 〜 公益認定を受けた日の前日	公益認定を受けた日 〜 事業年度終了の日	法基通 1-2-3
		公益社団法人 公益財団法人	非営利型法人	事業年度開始の日 〜 公益認定取消しの日の前日	公益認定取消しの日 〜 事業年度終了の日	
清算確定	－			事業年度開始の日 〜 残余財産の確定の日	－	法法14① 二十一
会社継続	－			事業年度開始の日 〜 継続の日の前日	継続の日 〜 事業年度の終了の日	法法14① 二十二

第7章｜申告手続関係

7-5 仮決算による中間申告の留意点

Q

　当社は、資本金1,000万円の法人です。当期の業績が当初の予測を超える
ほど厳しい状況にあり、当期の中間申告については、仮決算による中間申告
を行いたいと考えています。そこで、仮決算の中間申告を行うに当たって、
交際費等や寄附金の損金不算入の計算上、その限度額はどのようになるので
しょうか。

Point

　仮決算による中間申告に当たっては、確定申告の場合と比較して、交際費等や
寄附金の限度額計算などに留意が必要です。

A

　貴社の当期の中間申告における交際費等の損金不算入の定額控除限度額は400万円、寄
附金の損金不算入における資本基準額の損金算入限度額は12,500円となります。

解 説

1 制度の概要

　仮決算による中間申告とは、普通法人が、事業年度開始の日以後6か月の期間を1事業
年度とみなして仮決算を行った場合に、中間申告（法法71①）に代えて中間申告書を提出
することができるという制度です（法法72①）。したがって、実務上は、当期の業績が前
期に比して芳しくなく、前期実績をベースにした法人税額の納付が困難と判断される場合
などに提出するケースが多いといえます。

　なお、中間申告の税額が10万円以下又は納付すべき税額がない場合、あるいは、仮決算
による中間申告の税額が中間申告の額を超える場合には、中間申告書を提出することはで
きません（法法71①ただし書き）。

241

2 当該事例の考え方

仮決算による中間申告といっても、税務上、確定申告の場合と同様の調整が求められることはいうまでもありません。ただし、仮決算による中間申告は事業年度の月数が6か月であることから、一部の申告調整事項については、月数按分等の計算が必要となります。

まず、交際費等の損金不算入の定額控除限度額については、800万円にその事業年度の月数を乗じてこれを12で除して計算した金額（措法61の4②一）とされていますので、当期の中間申告においては、$800万円 \times \dfrac{6}{12} = 400万円$ となります。

次に、寄附金の損金不算入における資本基準額の損金算入限度額については、その事業年度終了の時における資本金等の額を12で除し、これに事業年度の月数を乗じて計算した金額の1,000分の2.5（法令73①一イ）とされていますので、当期の中間申告においては、$1,000万円 \times \dfrac{6}{12} \times \dfrac{2.5}{1,000} = 12,500円$ となります。

なお、これらのほか、減価償却資産の定額法等の償却率（耐用年数省令5②等）、繰延資産の償却限度額（法令64①二）、中小企業者等の少額減価償却資産の取得価額の損金算入の特例（措法67の5①）、中小法人の年800万円以下の所得に対する軽減税率（法法66④）などにおいても、月数按分等の調整を行わなければならないことに留意してください。

租税特別措置法第61条の4第2項（交際費等の損金不算入）

前項の場合において、法人のうち当該事業年度終了の日における資本金の額又は出資金の額が1億円以下であるものについては、次の各号に掲げる場合の区分に応じ当該各号に定める金額をもつて、前項に規定する超える部分の金額とすることができる。

一　前項の交際費等の額が800万円に当該事業年度の月数を乗じてこれを12で除して計算した金額（次号において「定額控除限度額」という。）以下である場合　零

法人税法施行令第73条第1項（一般寄附金の損金算入限度額）

一　普通法人、協同組合等及び人格のない社団等（次号に掲げるものを除く。）　次に掲げる金額の合計額の4分の1に相当する金額

　イ　当該事業年度終了の時における資本金等の額（当該資本金等の額が零に満たない場合には、零）を12で除し、これに当該事業年度の月数を乗じて計算した金額の1,000分の2.5に相当する金額

242

7-6 医療法人に対する留保金課税

Q 当法人は医療法人ですが、「特定同族会社の留保金課税」(法法67①)の適用対象となるのでしょうか。

Point

医療法人は医療法に基づき設立される法人であって、会社法上の会社ではありません。

A

貴法人は、特定同族会社の留保金課税の適用対象とはなりません。

解説

1 制度の概要

「特定同族会社の留保金課税」とは、特定同族会社の各事業年度の留保金額が留保控除額を超える場合に、各事業年度の所得に対する法人税のほかに、法人税の額を超える部分の留保金額に一定の特別税率による法人税の額を加算した金額とするという制度です(法法67①)。

なお、特定同族会社とは、被支配会社で、被支配会社であることについての判定の基礎となった株主等のうちに被支配会社でない法人がある場合において、当該法人をその判定の基礎となる株主等から除外して判定した場合においても、被支配会社となるものをいいます(法法67①かっこ書き)。

また、被支配会社とは、会社の株主等の一人並びにこれと特殊の関係のある個人及び法人が、その会社の発行済株式等の総数又は総額の50％を超える数又は金額の株式等を有する場合などの会社をいいます(法法67②)。

2 当該事例の考え方

　特定同族会社の留保金課税の適用対象となる会社とは、あくまでも、会社法第2条第一号における会社、すなわち、株式会社、合名会社、合資会社又は合同会社をいいます。

　この点、医療法人は医療法に基づき設立される法人であって、会社法上の会社には含まれませんので、貴法人は特定同族会社の留保金課税の適用対象とはなりません。

法人税法第67条（特定同族会社の特別税率）

1　内国法人である特定同族会社（<u>被支配会社で、被支配会社であることについての判定の基礎となった株主等のうちに被支配会社でない法人がある場合には、当該法人をその判定の基礎となる株主等から除外して判定するものとした場合においても被支配会社となるもの</u>をいい、清算中のものを除く。以下この条において同じ。）の各事業年度の留保金額が留保控除額を超える場合には、その特定同族会社に対して課する各事業年度の所得に対する法人税の額は、前条第1項又は第2項の規定にかかわらず、これらの規定により計算した法人税の額に、その超える部分の留保金額を次の各号に掲げる金額に区分してそれぞれの金額に当該各号に定める割合を乗じて計算した金額の合計額を加算した金額とする。

2　前項に規定する<u>被支配会社とは、会社の株主等の一人並びにこれと政令で定める特殊の関係のある個人及び法人がその会社の発行済株式又は出資の総数又は総額の100分の50を超える数又は金額の株式又は出資を有する場合その他政令で定める場合におけるその会社</u>をいう。

会社法第2条第一号（定義）

　<u>会社</u>　株式会社、合名会社、合資会社又は合同会社をいう。

その他の論点

8-1 外貨建有価証券の換算

Q

当社は、満期保有目的で償還期限及び償還金額の定めのあるドル建ての有価証券1,000ドル（額面と同額）を期中に取得しました。取得時の為替相場は、1ドル@110円でしたので、110,000円（@110円×1,000ドル）の投資有価証券として計上しました。

また、当期末においては、当該有価証券の時価が1,000ドル、為替相場が1ドル@120円であったため、会計上、次のような決算修正を行いました。

（単位：円）

借　方		貸　方	
科　目	金　額	科　目	金　額
投資有価証券	10,000	為替差益	10,000

※10,000円＝（@120円－@110円）×1,000ドル

そこで、上記の処理について、税務上、何か調整すべき事項はあるのでしょうか。

なお、外貨建資産等の換算方法の選定に関する届出はしていません。

Point

税務と会計の違いについて認識しておくべき事項のひとつに、外貨建資産等の換算があります。中でも、満期保有目的の外貨建有価証券については注意が必要です。

A

貴社における当期の申告調整事項として、別表4で為替差益否認10,000円（減算留保）、別表5（1）で投資有価証券▲10,000円（当期増）の調整が必要となります。

第8章 その他の論点

解 説

1 制度の概要

　法人税法上、有価証券は、売買目的有価証券、満期保有目的等有価証券、その他有価証券の3つに区分されます（法令119の2②）。

　このうち、満期保有目的等有価証券とは、償還期限の定めのある有価証券（売買目的有価証券に該当するものを除く。）のうち、その償還期限まで保有する目的で取得し、かつ、その取得の日においてその旨を帳簿書類に記載したものなどをいいます（法令119の2②一、二）。また、満期保有目的等有価証券を含む売買目的外有価証券の期末評価額については、事業年度終了の時において有する有価証券の帳簿価額により評価する原価法が採用されています（法法61の3①二）。

　ところで、外貨建ての売買目的外有価証券（償還期限及び償還金額の定めのあるもの）の期末における換算方法は、発生時又は期末時における外国為替の売買相場により換算した金額をもって期末の円換算額とすることとされています（法法61の9①二ロ）。ただし、法人がそのいずれかの換算方法を選定しなかった場合には、発生時換算法が法定の評価方法となります（法法61の9①かっこ書き、法令122の4三、122の7二）。

　つまり、外貨建ての売買目的外有価証券（償還期限及び償還金額の定めのあるもの）については、税務上、その償還までは時価変動リスクや為替リスクを反映させることなく、取得時における帳簿価額のままにしておきましょうということです。

　一方、会計上は、満期保有目的の外貨建有価証券については、決算時の為替相場により換算することとされており、取得時における為替相場との換算差額は為替差損益として処理します（外貨建取引等会計処理基準2（1）(c)イ、（2））。

2 当該事例の考え方

　当該事例におけるドル建ての投資有価証券は、法人税法上、原価法が採用される満期保有目的等有価証券に区分されます。また、貴社は外貨建資産等の換算方法の選定に関する届出をしていないことから、投資有価証券の期末換算方法については、法定評価方法である発生時換算法によることとなります。

　したがって、会計上、決算時（期末時）の為替相場で換算した決算修正の処理については、税務上、発生時換算法による円換算額、すなわち取得時における帳簿価額に再度修正する必要があります。具体的には、当期の申告調整事項として、別表4で為替差益否認

247

10,000円（減算留保）、別表5（1）で投資有価証券▲10,000円（当期増）の調整を行います。

法人税法第61条の９第１項(外貨建資産等の期末換算差益又は期末換算差損の益金又は損金算入等)

　内国法人が事業年度終了の時において次に掲げる資産及び負債を有する場合には、その時における当該外貨建資産等の金額の円換算額は、当該外貨建資産等の次の各号に掲げる区分に応じ当該各号に定める方法（第一号、第二号ロ及び第三号に掲げる外貨建資産等にあっては、これらの規定に定める方法のうち当該内国法人が選定した方法とし、当該内国法人がその方法を選定しなかった場合には、これらの規定に定める方法のうち政令で定める方法とする。）により換算した金額とする。

二　外貨建有価証券　次に掲げる有価証券の区分に応じそれぞれ次に定める方法

　ロ　第61条の３第１項第二号に規定する売買目的外有価証券（償還期限及び償還金額の定めのあるものに限る。）　発生時換算法又は期末時換算法

法人税法施行令第122条の４（外貨建資産等の期末換算方法の選定の方法）

　内国法人が事業年度終了の時において有する法第61条の９第１項（外貨建資産等の期末換算）に規定する外貨建資産等の金額を円換算額に換算する方法は、その外国通貨の種類ごとに、かつ、次に掲げる外貨建資産等の区分ごとに選定しなければならない。

三　法第61条の９第１項第二号ロに掲げる有価証券のうち第119条の２第２項第一号（満期保有目的等有価証券の範囲）に掲げるものに該当するもの

法人税法施行令第122条の７（外貨建資産等の法定の期末換算方法）

　法第61条の９第１項（外貨建資産等の期末換算）に規定する政令で定める方法は、次の各号に掲げる外貨建資産等（第122条の４に規定する外貨建資産等をいう。）の区分に応じ、当該各号に定める方法とする。

一　第122条の４第一号及び第五号に掲げる外貨建資産等　法第61条の９第１項第一号ロに掲げる期末時換算法

二　外貨建資産等のうち前号に掲げるもの以外のもの　法第61条の９第１項第一号イに掲げる発生時換算法

第8章 その他の論点

外貨建取引等会計処理基準（2 決算時の処理）

（1） 換算方法

外国通貨、外貨建金銭債権債務、外貨建有価証券及び外貨建デリバティブ取引等の金融商品については、決算時において、原則として、次の処理を行う。

（c） 外貨建有価証券

イ 満期保有目的の外貨建債券については、決算時の為替相場による円換算額を付する。

（2） 換算差額の処理

決算時における換算によって生じた換算差額は、原則として、当期の為替差損益として処理する。

249

8-2 買換資産の面積制限

Q

　当社は、今般、特定資産の買換えの圧縮記帳制度、具体的には長期保有土地からの土地供給を促すための土地等を中心とする買換えを目的として、10年超所有する土地を譲渡資産、新たに購入する土地を買換資産として利用したいと考えています。

　ところで、この制度については、買換資産の適用要件として、買換資産が土地等の場合には300平方メートル以上という面積制限が設けられています。

　当社では、2筆で318平方メートルの土地を取得する予定ですが、これは買換資産の適用対象となるのでしょうか。なお、それぞれの土地は、川を挟んで約99mほど離れています。

Point

　固定資産の譲渡益や受贈益は原則として課税対象となりますが、特定の政策目的の観点から、その段階で課税するのではなく、譲渡益等に相当する金額だけ新たに取得した固定資産の取得価額を減額（圧縮損）して記帳することで、将来に向けてその譲渡益等を繰り延べるというのが、圧縮記帳の趣旨です。

　なお、圧縮記帳は、あくまで課税を繰り延べる制度であって、課税そのものを減免するものではありません。

A

　貴社が取得予定の2筆で318平方メートルの土地は、買換資産の適用対象となります。

　なお、その適用に当たっては、当該土地を特定施設の敷地の用に供するとの具体的な計画があることなどが必要です。

第8章 その他の論点

解説

1 制度の概要

　特定資産の買換えの圧縮記帳とは、企業の既成市街地以外への転出促進や土地供給の促進等を目的として、一定の要件の下で資産を買い換えた場合に、譲渡資産の譲渡益の範囲内で圧縮損を計上し、その圧縮損相当額だけ買換資産を圧縮して記帳するという制度です（措法65の7①）。

　この制度には、その目的に応じていくつかの種類がありますが、中でも一般的によく利用されているのが、10年超の長期所有土地等を譲渡して、国内の土地等に買い換えるというものです（措法65の7①表七）。ただし、この制度を適用する場合における土地等の買換資産については、300平方メートル以上という面積制限が付されています。

2 当該事例の考え方

　当該事例のポイントは、面積制限である300平方メートル以上か否かを判断するに当たって、2筆で318平方メートルの土地をどのように考えるのかということです。

　この点、法令上は、「面積が300平方メートル以上」とのみ規定されていることから、1筆であろうが、2筆であろうが、筆数とは全く関係がありません。

　したがって、2筆で318平方メートルの土地も、「面積が300平方メートル以上」という買換資産の要件を満たしますので、貴社が取得予定の土地は、買換資産の適用対象となります。

　なお、買換資産には、この面積制限以外に、事務所等の特定施設の敷地の用に供されるものといった要件もありますので、例えば、取得予定の土地を特定施設の敷地の用に供するとの具体的な計画があることなどが必要です（措通65の7（1）-30の2）。

251

租税特別措置法第65条の７第１項第七号（特定の資産の買換えの場合の課税の特例）

（譲渡資産）

　国内にある土地等、建物又は構築物で、当該法人により取得をされた日から引き続き所有されていたこれらの資産のうち所有期間が10年を超えるもの

（買換資産）

　国内にある土地等（事務所、事業所その他の政令で定める施設の敷地の用に供されるもの又は駐車場の用に供されるもので、その面積が300平方メートル以上のものに限る。）、建物若しくは構築物又は国内にある鉄道事業の用に供される車両及び運搬具のうち政令で定めるもの

租税特別措置法関係通達65の７（１）－30の２（特定施設の敷地の用に供される土地等の意義）

　措置法第65条の７第１項の表の第七号の下欄の特定施設の敷地の用に供される土地等とは、土地又は土地の上に存する権利を取得した時において、現に特定施設の敷地の用に供されているもの及び特定施設の敷地の用に供されることが確実であると認められるものをいう。

　（注）特定施設の敷地の用に供されることが確実であると認められるものとは、例えば、取得した土地等を特定施設の敷地の用に供することとする具体的な計画があるものをいう。

第8章 その他の論点

8-3 地方拠点強化税制における雇用促進税制の対象となる雇用者

Q

当社では、当期首に代表取締役の親族数名を新規に採用し、営業部や財務部の社員として配属しました。企業の人材確保を推進する上での税務面での支援策として、地方拠点強化税制における雇用促進税制があることは知っていますが、当社においては、新規採用者を対象としてこの制度を適用できるのでしょうか。

なお、当社では、全従業員が一般被保険者として雇用保険等に加入しており、この制度を適用する上で他の要件は満たしています。

Point

地方拠点強化税制における雇用促進税制の対象となる雇用者には、法人税法上の役員はもちろんのこと、その役員の親族や役員の特殊関係者、あるいは使用人兼務役員などは含まれません。

A

貴社においては、新規採用者を対象として地方拠点強化税制における雇用促進税制を適用することはできません。

解説

1 制度の概要

「地方拠点強化税制における雇用促進税制」とは、地域再生法第17条の2第4項に規定する認定事業者が、「地方活力向上地域特定業務施設整備計画」（以下「整備計画」といいます。）の認定を受けた日（平成27年8月10日から平成32年3月31日までの間に限ります。）の翌日以後2年を経過する日までの期間内の日を含む各事業年度（個人事業主の場合は認定を受けた日の属する年以後3年内の各暦年）において、整備計画に基づき整備した特定

253

業務施設において雇用者増加数（有期雇用でない又はパートタイムの新規雇用者を除きます。）が2人以上等の要件を満たす場合は、適用年度における法人税の額（個人事業主の場合は、所得税の額）から、増加させた雇用者1人当たり最大3年間で150万円の控除が受けられるという制度です（措法42の12①）。

　すなわち、この制度は、地方で本社機能の拡充又は東京等からの移転を行った場合において、その地方事業所で雇用者を増加させた場合に受けることができる優遇措置であるといえます。

　ただし、この制度の適用に当たっては、上記の2人以上の雇用者の増加のほか、青色申告であること、適用年度とその前事業年度において事業主都合による離職者がいないことなどの要件があります。さらに、この制度を適用する場合には、ハローワークに「雇用促進計画」を提出する必要があります。

　なお、いわゆる「雇用促進税制」については、平成29年度（法人の場合は平成30年3月31日までに開始する事業年度、個人事業主の場合は平成30年度）をもって廃止されています。

　また、この制度の適用対象となる「雇用者」とは、法人の使用人（役員の親族などを除きます。）のうち、一般被保険者（雇用保険法第60条の2第1項第一号に規定する一般被保険者）に該当するものをいいます（措法42の12④三、措令27の12⑥）。

2 当該事例の考え方

　貴社の新規採用者は、代表取締役の親族数名、すなわち役員の親族ということですので、たとえ一般被保険者として雇用保険等に加入していたとしても、1で述べたとおり、税務上は地方拠点強化税制における雇用促進税制の対象となる雇用者には該当しません。

　したがって、新規採用者を対象として地方拠点強化税制における雇用促進税制を適用することはできません。

租税特別措置法第42条の12第4項第三号（特定の地域において雇用者の数が増加した場合の法人税額の特別控除）

> 　雇用者　法人の使用人（当該法人の役員と政令で定める特殊の関係のある者及び当該法人の使用人としての職務を有する役員を除く。次号において同じ。）のうち一般被保険者に該当するものをいう。

第8章 その他の論点

租税特別措置法施行令第27条の12第6項（特定の地域において雇用者の数が増加した場合の法人税額の特別控除）

　法第42条の12第4項第三号に規定する政令で定める特殊の関係のある者は、次に掲げる者とする。

一　役員の親族

二　役員と婚姻の届出をしていないが事実上婚姻関係と同様の事情にある者

三　前二号に掲げる者以外の者で役員から生計の支援を受けているもの

四　前二号に掲げる者と生計を一にするこれらの者の親族

255

8-4 試験研究費と研究開発費

Q

当社は、特殊自動車用機械部品等の製造メーカーであり、社内に研究開発部門を有し、先進の技術革新にも力を入れております。

ところで、研究開発に関する税務上の優遇措置として、「試験研究を行った場合の法人税額の特別控除制度」がありますが、この税額控除の対象となる試験研究費とは、会計上の研究開発費と内容的には同様と考えてよいでしょうか。

Point

試験研究費の税額控除の対象となる試験研究費の範囲には、そのベースとして会計上の研究開発費があることは間違いないですが、両者は同様の内容ではありません。

A

会計上の研究開発費のほうが、税務上の試験研究費よりも広い概念であると考えます。

解 説

1 制度の概要

「研究開発費等に係る会計基準」によれば、「研究」とは、新しい知識の発見を目的とした計画的な調査および探究をいい、「開発」とは、新しい製品・サービス・生産方法についての計画もしくは設計または既存の製品等を著しく改良するための計画もしくは設計として、研究の成果その他の知識を具体化することとされています（基準一1）。また、研究開発費には、人件費、原材料費、固定資産の減価償却費及び間接費の配賦額など、研究開発のために費消されたすべての原価が含まれます（基準二）。

一方、税務上の試験研究費、すなわち、試験研究を行った場合の法人税額の特別控除制

度の対象となる試験研究費とは、次の①又は②に該当するものをいいます（措法42の4⑧一、措令27の4②③）。ただし、試験研究費に充てるため他の者から支払を受ける金額がある場合には、その金額を控除した後の金額となります（措法42の4①かっこ書き）。なお、平成30年度税制改正により、大企業がこの制度を適用するためには、継続雇用者給与等支給額が前事業年度を超えるなど、一定の要件を満たす場合に限られることとされました。

① 製品の製造若しくは技術の改良、考案若しくは発明に係る試験研究のために要する費用のうち、試験研究を行うために要する原材料費、人件費（専門的知識をもつて試験研究の業務に専ら従事する者に係るものに限る）及び経費や、他の者に委託をして試験研究を行う法人の委託研究費用。

② 対価を得て提供する新たな役務の開発を目的として、大量の情報を収集する機能を有し、その機能の全部若しくは主要な部分が自動化されている機器等によって行われた情報の収集等のために要する費用のうち、試験研究を行うために要する原材料費、人件費（情報等の分析を行うために必要な専門的知識をもつて当該試験研究の業務に専ら従事する者として財務省令で定める者に係るものに限る）及び経費（外注費の場合には、これらの原材料費及び人件費に相当する部分等に限る）や、他の者に委託をして試験研究を行う法人の委託研究費用。

2 当該事例の考え方

　会計上の研究開発費と税務上の試験研究費は、**1**で述べたとおり、その意義や範囲において同様のものとはいえません。

　特に、税務上の試験研究費については、専ら試験研究等に要する費用のみを対象としているのに対して、会計上の研究開発費には、これら以外に新知識発見のための費用や間接費等の配賦額を含めている点で、会計上の研究開発費のほうが、税務上の試験研究費よりも広い概念となっているものといえます。

　なお、税務上の試験研究費について、国税庁ホームページ「Ｑ＆Ａ　研究開発減税・設備投資減税について（法人税）（平成15年10月）」のＱ8においては、次のような解説が掲載されています。

257

| Q&A 研究開発減税・設備投資減税について（法人税）（平成15年10月）Q8 |

　この試験研究は、工学的・自然科学的な基礎研究、応用研究及び開発・工業化等を意味するもので、必ずしも新製品や新技術に限らず、現に生産中の製品の製造や既存の技術の改良等のための試験研究であっても対象となります。逆に、「製品の製造」又は「技術の改良、考案若しくは発明」に当たらない人文・社会科学関係の研究は対象とはなりません。

　したがって、例えば、次のような費用は含まれませんので、ご注意ください。

イ　事務能率・経営組織の改善に係る費用

ロ　販売技術・方法の改良や販路の開拓に係る費用

ハ　単なる製品のデザイン考案に係る費用

ニ　既存製品に対する特定の表示の許可申請のために行うデータ集積等の臨床実験費用

| 租税特別措置法第42条の4第8項第一号（試験研究を行った場合の法人税額の特別控除） |

　試験研究費　製品の製造若しくは技術の改良、考案若しくは発明に係る試験研究のために要する費用又は対価を得て提供する新たな役務の開発に係る試験研究として政令で定めるもののために要する費用で、政令で定めるものをいう。

| 研究開発費等に係る会計基準 |

一　定義

　1　研究及び開発

　　研究とは、新しい知識の発見を目的とした計画的な調査及び探究をいう。

　　開発とは、新しい製品・サービス・生産方法（以下、「製品等」という。）についての計画若しくは設計又は既存の製品等を著しく改良するための計画若しくは設計として、研究の成果その他の知識を具体化することをいう。

二　研究開発費を構成する原価要素

　研究開発費には、人件費、原材料費、固定資産の減価償却費及び間接費の配賦額等、研究開発のために費消されたすべての原価が含まれる。

第8章 その他の論点

8-5 外注加工費は「売上原価」か「販売費及び一般管理費」か

Q

当社は、金型部品の製造業を営んでいます。当期より、製造工程の一部を外部業者に委託することとしました。この外部業者に支払う委託料は、会計上、外注加工費として処理する予定です。

そこで、外注加工費の損益計算書上の表示区分についてですが、「売上原価」の項目とすべきでしょうか、それとも「販売費及び一般管理費」の項目とすべきでしょうか。

Point

外注加工費の損益計算書上の表示区分を判断するためのキーワードは、費用収益対応表示の原則です。

A

貴社における外注加工費は、損益計算書上、「売上原価」の項目とすべきです。

解説

1 制度の概要

損益計算書上の表示等の区分については、法人税法などの税法ではなく、会計基準である企業会計原則においてその取扱いが規定されています。具体的には、総額主義の原則や区分表示の原則、費用収益対応表示の原則といったものです。

総額主義の原則は、収益と費用を総額によって記載するという原則であり、特定の収益と費用を相殺して純額で表示してはならないというものです（企業会計原則　第二損益計算書原則一B）。区分表示の原則は、営業損益計算、経常損益計算及び純損益計算の区分を設けることで、各計算に基づく利益を表示するという原則です（企業会計原則　第二損

259

益計算書原則二）。

　また、費用収益対応表示の原則とは、費用と収益をその発生原因に従って明瞭に分類し、費用と収益を対応させて表示するという原則です（企業会計原則　第二損益計算書原則一C）。この原則から、費用である売上原価には、収益である売上高と直接的、個別的に対応するものを区分表示しなければならないということが導かれます。一方、販売費及び一般管理費には、売上高と間接的、期間的に対応するものを区分表示することとなります。

　なお、外注加工費については、その定義や損益計算書上の表示に関して直接的に明記している基準等はありません。ただ、「原価計算基準」（昭37.11.8企業会計審議会）においては、第2章第2節10「費目別計算における原価要素の分類」の中で、外注加工費を原価要素のうち直接費の中の直接経費として例示的に分類しています。すなわち、原価計算基準においては、外注加工費は売上原価の構成要素であることを前提としていると考えることができます。

2 当該事例の考え方

　当該事例における外注加工費は、製造工程の一部を外部業者に委託することに伴う委託料とのことですので、費用である外注加工費は、収益である売上高と直接的、個別的に対応しているものと考えられます。

　したがって、貴社における外注加工費の損益計算書上の表示区分は、「販売費及び一般管理費」の項目ではなく、「売上原価」の項目とすべきことになります。

企業会計原則　第二損益計算書原則一

　損益計算書は、企業の経営成績を明らかにするため、一会計期間に属するすべての収益とこれに対応するすべての費用とを記載して経常利益を表示し、これに特別損益に属する項目を加減して当期純利益を表示しなければならない。

C　費用及び収益は、その発生源泉に従って明瞭に分類し、各収益項目とそれに関連する費用項目とを損益計算書に対応表示しなければならない。

第8章 その他の論点

原価計算基準　第2章「実際原価の計算」第2節10「費目別計算における原価要素の分類」

　費目別計算においては、原価要素を、原則として、形態別分類を基礎とし、これを直接費と間接費とに大別し、さらに必要に応じ機能別分類を加味して、たとえば次のように分類する。

　直接費

　　直接材料費、主要材料費（原料費）、買入部品費

　直接労務費

　　直接賃金（必要ある場合には作業種類別に細分する。）

　直接経費

　　外注加工費

261

8-6 医療法人の課税範囲と法人税率

Q 私は、これまで開業医として個人医院を経営していましたが、病院としての規模の拡大化を図るため、新たに医療法人を設立することにしました。
そこで、医療法人に対する課税範囲と法人税率ですが、株式会社と同じですか。
また、医療法人には、特定医療法人や社会医療法人というものもあると聞きましたが、これらの法人の場合には、株式会社と何か違いがありますか。

Point

医療法人は、会社法上の会社ではありませんが、法人税法上の課税範囲や税率については、株式会社と同じ取扱いとなります。ただし、特定医療法人や社会医療法人については、その一部に株式会社とは異なる取扱いが適用されます。

A

医療法人の課税範囲と法人税率は、株式会社と同じです。なお、医療法人、特定医療法人及び社会医療法人の課税範囲と法人税率は、次のとおりです。

区分	法人税法上の種類	課税範囲	法人税率	
医療法人	普通法人	すべての所得	年800万円以下	15%
			年800万円超	23.2%
特定医療法人（連結親法人を除く）			年800万円以下	15%
			年800万円超	19%
社会医療法人	公益法人等	収益事業から生ずる所得のみ	年800万円以下	15%
			年800万円超	19%

第8章｜その他の論点

解 説

1 医療法人

　医療法人は、医療法に基づき設立が認められるものであり、法人税法上は、株式会社と同様に普通法人に区分されます（法法2九）。したがって、課税される所得の範囲や法人税率については、株式会社と同じ取扱いとなります（法法4①、5、66①②、措法42の3の2）。

2 特定医療法人

　特定医療法人とは、財団医療法人又は社団医療法人で持分の定めがないもの（清算中のものを除く。）のうち、その事業が医療の普及及び向上、社会福祉への貢献その他公益の増進に著しく寄与し、かつ、公的に運営されているものとして国税庁長官の承認を受けた法人をいいます（措法67の2①）。なお、この承認要件については、平成30年度税制改正により、その一部が見直されています。

　特定医療法人は、医療法人と同様、医療法に基づき設立されるものであり、法人税法上は普通法人に区分されます（法法2九）。また、課税される範囲は、株式会社と同様にすべての所得となりますが、法人税率については株式会社と比して軽減されています（措法67の2①）。

3 社会医療法人

　社会医療法人とは、救急医療等の実施が義務付けられるなど高い公益性が求められる医療法人であって、役員に占める同族関係者の割合等の要件を満たした場合に、都道府県知事又は厚生労働大臣により認定される法人です（医療法42の2①）。

　社会医療法人は、法人税法別表第二に掲げられている法人であることから、法人税法上は公益法人等に区分されます（法法2六）。したがって、課税される範囲は、すべての所得ではなく収益事業から生じた所得のみとなり、法人税率についても、株式会社と比して軽減されています（法法4①、7、66①〜③、措法42の3の2）。

法人税法第 2 条（定義）

五　公共法人　別表第一に掲げる法人をいう。

六　公益法人等　別表第二に掲げる法人をいう。

七　協同組合等　別表第三に掲げる法人をいう。

八　人格のない社団等　法人でない社団又は財団で代表者又は管理人の定めがあるものをいう。

九　普通法人　第五号から第七号までに掲げる法人以外の法人をいい、人格のない社団等を
　含まない。

租税特別措置法第67条の 2 第 1 項（特定の医療法人の法人税率の特例）

　財団たる医療法人又は社団たる医療法人で持分の定めがないもの（清算中のものを除く。）
のうち、その事業が医療の普及及び向上、社会福祉への貢献その他公益の増進に著しく寄与
し、かつ、公的に運営されていることにつき政令で定める要件を満たすものとして、政令で
定めるところにより国税庁長官の承認を受けたもの（医療法（昭和23年法律第205号）第42
条の 2 第 1 項に規定する社会医療法人を除く。）の当該承認を受けた後に終了した各事業年
度の所得については、法人税法第66条第 1 項又は第 2 項の規定にかかわらず、100分の19の
税率により、法人税を課する。

医療法第42条の 2 第 1 項

　医療法人のうち、次に掲げる要件に該当するものとして、政令で定めるところにより都道
府県知事の認定を受けたもの（以下「社会医療法人」という。）は、その開設する病院、診
療所又は介護老人保健施設（指定管理者として管理する病院等を含む。）の業務に支障のな
い限り、定款又は寄附行為の定めるところにより、その収益を当該社会医療法人が開設する
病院、診療所又は介護老人保健施設の経営に充てることを目的として、厚生労働大臣が定め
る業務（以下「収益業務」という。）を行うことができる。

法人税法別表第二　公益法人等の表（第 2 条、第 3 条、第37条、第66条関係）

（名称）	（根拠法）
医療法人（医療法第42条の 2 第 1 項（社会医療法人）に規定する社会医療法人に限る。）	医療法

8-7 従業員持株会から受ける分配金

Q

当社では、創業以来、会社と従業員の絆をより一層深める目的で、労使合意の下、従業員持株会が組織されています。この従業員持株会は、民法上の組合（民法667）ではなく、法人税法上の人格のない社団等（法法2八）に該当します。

そこで相談ですが、従業員持株会からそこに参画する従業員に対して分配金を支払った場合に、この分配金は、従業員の所得税法上の所得区分上、配当所得になるのでしょうか。

Point

従業員持株会は、従業員が会社の株式の取得または保有に際して、会社が方針として特別に便宜を与え奨励する制度であり、常設機関として制度的に設置されるものです。従業員持株会の法的な存在形態としては、主に民法上の組合に該当する場合と人格のない社団等に該当する場合の2つがあります。

A

貴社の従業員持株会が参画する従業員に対して支払う分配金は、従業員の所得税法上の所得区分上、配当所得ではなく雑所得に区分されます。

解説

1 制度の概要

人格のない社団等とは、法人でない社団又は財団で代表者又は管理人の定めがあるもの（法法2八）であって、具体的には、多数の者が一定の目的を達成するために結合した団体のうち法人格を有しないもので、単なる個人の集合体でなく、団体としての組織を有して統一された意志の下にその構成員の個性を超越して活動を行うものをいうとされていま

す（法基通1－1－1）。

　この人格のない社団等から受ける分配金等については、株式や出資に係る配当金ではありませんので、分配金等を受ける個人の所得税法上の所得区分は、配当所得ではなく、雑所得に区分されます（所法24①かっこ書き、所基通24－2（注）、35－1（6））。

2 当該事例の考え方

　当該事例においては、貴社の従業員持株会は人格のない社団等に該当するとのことですので、1で述べたように、そこに参画する従業員が従業員持株会から受ける分配金は、所得税法上、雑所得に区分されることになります。

法人税法第2条第八号（定義）

　人格のない社団等　法人でない社団又は財団で代表者又は管理人の定めがあるものをいう。

法人税基本通達1－1－1（法人でない社団の範囲）

　法第2条第八号《人格のない社団等の意義》に規定する「法人でない社団」とは、多数の者が一定の目的を達成するために結合した団体のうち法人格を有しないもので、単なる個人の集合体でなく、団体としての組織を有して統一された意志の下にその構成員の個性を超越して活動を行うものをいい、次に掲げるようなものは、これに含まれない。

所得税法第24条第1項（配当所得）

　配当所得とは、法人（法人税法第2条第六号（定義）に規定する公益法人等及び人格のない社団等を除く。）から受ける剰余金の配当、利益の配当、剰余金の分配、投資信託及び投資法人に関する法律第137条（金銭の分配）の金銭の分配、基金利息並びに投資信託及び特定受益証券発行信託の収益の分配に係る所得をいう。

266

第8章｜その他の論点

所得税基本通達24－2（配当等に含まれないもの）

　法人が株主等に対してその株主等である地位に基づいて供与した経済的な利益であっても、法人の利益の有無にかかわらず供与することとしている次に掲げるようなものは、法人が剰余金又は利益の処分として取り扱わない限り、配当等には含まれないものとする。

（注）　上記に掲げる<u>配当等に含まれない経済的な利益で個人である株主等が受けるものは、法第35条第1項《雑所得》に規定する雑所得に該当し、配当控除の対象とはならない。</u>

所得税基本通達35－1（雑所得の例示）

次に掲げるようなものに係る所得は、雑所得に該当する。

（6）　<u>人格のない社団等の構成員がその構成員たる資格において当該人格のない社団等から受ける収益の分配金</u>（いわゆる清算分配金及び脱退により受ける持分の払戻金を除く。）

8-8 法人住民税の課税団体となる「事務所又は事業所」の意義

Q

当社は、主に道路工事関係の警備業を営んでいます。当期において、大規模な道路工事の警備業務のため、警備員の休憩等を利用目的として仮設詰所を工事場所の近隣に建設しました。なお、この仮設詰所は、当該道路工事が終了次第、撤去する予定です。

そこで相談ですが、この仮設詰所は、法人住民税の課税団体とされる「事務所又は事業所」に該当するのでしょうか。

Point

法人住民税の課税団体となる「事務所又は事業所」の意義や範囲については、「地方税法の施行に関する取扱いについて（道府県民税関係・市町村税関係）」に規定されています。

A

貴社の仮設詰所は、法人住民税の課税団体である「事務所又は事業所」には該当しません。

解 説

1 制度の概要

法人住民税は、法人等の事務所若しくは事業所又は寮等所在の地方団体を課税団体として、

① 道府県・市町村内に「事務所又は事業所」を有する法人は、均等割額と法人税割額の納税義務者

② 道府県・市町村内に寮等を有する法人で、その道府県・市町村内に「事務所又は事業所」を有しない法人は、均等割額の納税義務者

となります。

第8章 その他の論点

　この「事務所又は事業所」（以下「事務所等」といいます。）とは、事業の必要から設けられた人的及び物的設備であって、そこで継続して事業が行われる場所をいうものとされ、例えば、従業員詰所等で番人等のほかに別に事務員を配置せず、専ら従業員の監視等の内部的、便宜的目的のみに供されるものについては、事務所等の範囲には含まれないものとされています（「地方税法の施行に関する取扱いについて（道府県税関係）第1章第1節通則6（1）」及び「地方税法の施行に関する取扱いについて（市町村税関係）第1章第1節通則6（1）」）。

　さらに、事務所等と認められるためには、事業の継続性が必要であって、たまたま2、3か月程度の一時的な事業の用に供する目的で設けられる現場事務所等は、事務所等の範囲には入りません（同6（2）及び同6（2））。

2 当該事例の考え方

　当該事例における貴社の仮設詰所は、特定の道路工事の期間中のみ設置されたものであって、継続して事業が行われる場所ではなく、また、警備員の休憩等を主な目的として設けられています。したがって、仮設詰所は法人住民税の課税団体としての事務所等には該当しないこととなります。

地方税法の施行に関する取扱いについて（道府県税関係）（平成22年4月1日　総税都第16号）及び地方税法の施行に関する取扱いについて（市町村税関係）（平成22年4月1日　総税市第16号）

　6　事務所又は事業所
（1）　事務所又は事業所（以下6において「事務所等」という。）とは、それが自己の所有に属するものであるか否かにかかわらず、事業の必要から設けられた人的及び物的設備であって、そこで継続して事業が行われる場所をいうものであること。この場合において事務所等において行われる事業は、当該個人又は法人の本来の事業の取引に関するものであることを必要とせず、本来の事業に直接、間接に関連して行われる附随的事業であっても社会通念上そこで事業が行われていると考えられるものについては、事務所等として取り扱って差し支えないものであるが、宿泊所、従業員詰所、番小屋、監視所等で番人、小使等のほかに別に事務員を配置せず、専ら従業員の宿泊、監視等の内部的、便宜的目的のみに供されるものは、事務所等の範囲に含まれないものであること。
（2）　事務所等と認められるためには、その場所において行われる事業がある程度の継続性をもったものであることを要するから、たまたま2、3か月程度の一時的な事業の用に供する目的で設けられる現場事務所、仮小屋等は事務所等の範囲に入らないものであること。

269

8-9 取引相場のない株式を個人株主間で譲渡する場合の株式評価方法

Q

当社は、従業員数が100人程の会社（非上場会社）です。当社の株式は、税務上、取引相場のない株式に該当しますが、同族株主である個人間で株式を譲渡する場合に当たっては、どのような方法で株式評価すべきなのでしょうか。

Point

株式会社の株式評価に当たって、所得税基本通達59−6（2）では、株主が「中心的な同族株主」に該当する場合には、常に「小会社」に該当するものとして算定する旨定めていますが、この通達が適用される場面は、あくまでも個人から法人への贈与など、みなし譲渡（所法59）の規定に該当する場合に限られます。

A

貴社の従業員数は70人以上であり、株式評価を行うための会社の規模としては「大会社」に該当しますので、税務上は、原則として類似業種比準方式によって株式評価することになります。

解説

1 制度の概要

所得税法第59条は、個人から法人への贈与や個人から法人への著しく低い価額での譲渡などがあった場合に、時価により譲渡があったものとみなす旨規定しています。

また、所得税基本通達59−6（2）では、所得税法第59条の適用に当たっての株式等の評価方法について、株主が「中心的な同族株主」に該当する場合には、発行会社は常に「小会社」に該当するものとして算定する旨規定しています。

第8章 | その他の論点

2 当該事例の考え方

当該事例においては、貴社の同族株主である個人間での株式譲渡ということですので、所得税法第59条は適用されません。したがって、所得税基本通達59-6（2）の取扱いも適用されません。

この点、貴社の株式は取引相場のない株式であって、また、従業員数が100人程とのことですので、株式評価上の区分は「大会社」に該当することになります。したがって、税務上は、原則として類似業種比準方式によって株式評価することとなります（評基通178、179（1））。

所得税法第59条第1項（贈与等の場合の譲渡所得等の特例）

次に掲げる事由により居住者の有する山林（事業所得の基因となるものを除く。）又は譲渡所得の基因となる資産の移転があつた場合には、その者の山林所得の金額、譲渡所得の金額又は雑所得の金額の計算については、その事由が生じた時に、その時における価額に相当する金額により、これらの資産の譲渡があったものとみなす。

一　贈与（法人に対するものに限る。）又は相続（限定承認に係るものに限る。）若しくは遺贈（法人に対するもの及び個人に対する包括遺贈のうち限定承認に係るものに限る。）

二　著しく低い価額の対価として政令で定める額による譲渡（法人に対するものに限る。）

所得税基本通達59-6（株式等を贈与等した場合の「その時における価額」）

法第59条第1項の規定の適用に当たって、譲渡所得の基因となる資産が株式である場合の同項に規定する「その時における価額」とは、23～35共-9に準じて算定した価額による。

（2）　当該株式の価額につき財産評価基本通達179の例により算定する場合において、株式を譲渡又は贈与した個人が当該株式の発行会社にとって同通達188の（2）に定める「中心的な同族株主」に該当するときは、当該発行会社は常に同通達178に定める「小会社」に該当するものとしてその例によること。

財産評価基本通達178（取引相場のない株式の評価上の区分）

取引相場のない株式の価額は、評価しようとするその株式の発行会社が次の表の大会社、中会社又は小会社のいずれに該当するかに応じて、それぞれ次項の定めによって評価する。

大会社　　従業員数が70人以上の会社又は右のいずれかに該当する会社

271

財産評価基本通達179（取引相場のない株式の評価の原則）

　前項により区分された大会社、中会社及び小会社の株式の価額は、それぞれ次による。

（1）　大会社の株式の価額は、類似業種比準価額によって評価する。ただし、納税義務者の
　　選択により、1株当たりの純資産価額（相続税評価額によって計算した金額）によって
　　評価することができる。

第8章 その他の論点

8-10 「消費税の納税義務者でなくなった旨の届出書」の提出義務

Q

当社は、ここ数年間、原則課税により消費税の申告を行ってきましたが、前期の課税売上高が1,000万円以下となり、当期の業績もかなり悪化していることから、翌期は消費税の申告を行う必要はありません。

ところで、このような場合には、「消費税の納税義務者でなくなった旨の届出書」を所轄税務署長に提出したほうがよいとも聞いたことがあるのですが、この届出書は提出しなければならないものなのでしょうか。

Point

消費税関係の届出や承認等の書類には、①効力が発生しないもの（提出の有無によって課税関係に直接影響を及ぼさないもの）と、②効力が発生するもの（提出の有無によって課税関係に直接影響を及ぼすもの）の2つの種類があります。

A

「消費税の納税義務者でなくなった旨の届出書」は、絶対的に提出しなければならないというものではありません。

解 説

消費税の課税事業者が、課税期間の基準期間における課税売上高が1,000万円以下となった場合には、「消費税の納税義務者でなくなった旨の届出書」を所轄税務署長に対して速やかに提出することとされています（消法57①二、消規26①二）。

ただし、この届出書については、仮に所轄税務署長へ提出しなかったとしても、事業者に対して罰則が科されたり、将来的に不利益が及ぶといったようなことは、原則としてありません。すなわち、「消費税の納税義務者でなくなった旨の届出書」の提出は、確かに

273

法令上の義務ではあるものの、この届出書の提出の有無によって、事業者の課税関係に直接影響を及ぼすことはないといえます。

参　考

　以下の表は、消費税関係の主な届出や承認等の書類について、その提出時期や届出が必要な場合などを簡潔に取りまとめたものです。

効力が発生しないもの				
届出書名	様式番号	提出時期	届出が必要な場合	備考
消費税課税事業者届出書（基準期間用）	3-(1)	事由が生じた場合、速やかに提出	基準期間における課税売上高が1,000万円超となったとき	既に提出している事業者は、提出後引き続いて課税事業者である限り、再度提出する必要なし
消費税課税事業者届出書（特定期間用）	3-(2)	事由が生じた場合、速やかに提出	特定期間における課税売上高が1,000万円超となったとき	―
消費税の納税義務者でなくなった旨の届出書	5	事由が生じた場合、速やかに提出	基準期間における課税売上高が1,000万円以下となったとき	消費税課税事業者選択届出書を提出した事業者は届出の必要なし
高額特定資産の取得に係る課税事業者である旨の届出書	5-(2)	事由が生じた場合、速やかに提出	高額特定資産の仕入れ等を行ったことにより、消法12条の4①の適用を受ける課税期間の基準期間における課税売上高が1,000万円以下となったとき	―
消費税の新設法人に該当する旨の届出書	10-(2)	事由が生じた場合、速やかに提出	新設法人に該当することとなったとき	法人設立届出書において、新設法人に該当する旨を記載して提出している場合は提出の必要なし
消費税の特定新規設立法人に該当する旨の届出書	10-(3)	事由が生じた場合、速やかに提出	特定新規設立法人に該当することとなったとき	―
事業廃止届出書	6	事由が生じた場合、速やかに提出	課税事業者が事業を廃止したとき	―
個人事業者の死亡届出書	7	事由が生じた場合、速やかに提出	個人の課税事業者が死亡したとき	―
合併による法人の消滅届出書	8	事由が生じた場合、速やかに提出	法人の課税事業者が合併により消滅したとき	合併法人が提出
消費税異動届出書	11	異動事項が発生した後、遅滞なく提出	納税地等に異動があったとき	異動前の税務署に提出

第8章 その他の論点

効力が発生するもの				
届出書名	様式番号	提出時期	届出が必要な場合	備考
消費税課税事業者選択届出書	1	選択しようとする課税期間の初日の前日まで	免税事業者が課税事業者になることを選択しようとするとき	―
消費税課税事業者選択不適用届出書	2	選択をやめようとする課税期間の初日の前日まで	課税事業者を選択していた事業者が免税事業者に戻ろうとするとき	事業廃止を除き、課税事業者となった日から2年間は、この届出による課税事業者のとりやめはできない
消費税簡易課税制度選択届出書	24	適用を受けようとする課税期間の初日の前日まで	簡易課税制度を選択しようとするとき	届出後2年間は、事業廃止を除き、継続適用が必要 消費税簡易課税制度選択不適用届出書が提出されない限り、効力は存続
消費税簡易課税制度選択不適用届出書	25	適用をやめようとする課税期間の初日の前日まで	簡易課税制度の選択をやめようとするとき	調整対象固定資産の課税仕入れを行った場合で、一定の要件に該当する場合は提出不可 高額特定資産を取得した場合の事業者免税点制度の特例の適用を受ける場合は、一定期間提出不可
消費税課税期間特例選択・変更届出書	13	適用を受けようとする課税期間の初日の前日まで	課税期間の特例を選択又は変更しようとするとき	届出後2年間は、事業廃止を除き、継続適用が必要 消費税課税期間特例選択不適用届出書が提出されない限り、効力は存続
消費税課税期間特例選択不適用届出書	14	適用をやめようとする課税期間の初日の前日まで	課税期間の特例の適用をやめようとするとき	―
消費税課税売上割合に準ずる割合の不適用届出書	23	適用をやめようとする課税期間の末日まで	承認を受けた課税売上割合に準ずる割合の適用をやめようとするとき	―
任意の中間申告書を提出する旨の届出書	26-(2)	適用を受けようとする6か月中間申告対象期間の末日まで	任意の中間申告制度を適用しようとするとき	―
任意の中間申告書を提出することの取りやめ届出書	26-(3)	適用をやめようとする6か月中間申告対象期間の末日まで	任意の中間申告制度の適用をやめようとするとき	―
消費税課税売上割合に準ずる割合の適用承認申請書	22	承認を受けた日の属する課税期間から適用	課税売上割合に代えて課税売上割合に準ずる割合を用いて、控除する課税仕入れ等の税額を計算しようとする場合	―
承認免税手続事業者承認申請書	20-(4)	承認を受けようとするとき	承認免税手続事業者の承認を受けようとするとき	―
輸出物品販売場許可申請書	20-(1)、(2)	許可を受けようとするとき	輸出物品販売場を開設しようとするとき	輸出物品販売場を廃止しようとするときは、輸出物品販売場廃止届出書（様式21-(1)）の提出が必要

275

8-11 合併や会社分割に伴う消費税法上の取扱い

Q

当社は、今後、グループ全体の経営の効率化を図る観点から、本格的にグループ内の合併や会社分割などの検討に入っていく方針です。

ところで、これら合併や会社分割については、消費税法上、資産の移転を伴うことから、資産の譲渡等として課税取引に該当するのでしょうか。

Point

合併や会社分割に近いといわれる事業譲渡については、消費税法上の課税取引に該当します。

A

合併や会社分割に伴う資産の譲渡等は、消費税法上の課税取引には該当しません。

解説

1 制度の概要

合併（会社法 2 二十七、二十八）や会社分割（会社法 2 二十九、三十）は、外形的に事業譲渡（会社法467①）に近いといわれていますが、その行為の性質や権利義務の移転といった観点からみると、両者は全く異なります。すなわち、前者は組織法上の行為であって、権利義務の移転は包括承継するのに対し、後者は取引法上の行為であって、権利義務の移転は、包括承継ではなく個別に必要な手続を行うことになります。

2 当該事例の考え方

包括承継である合併や会社分割に伴う資産の譲渡等については、1で述べた行為の性質等を背景として、消費税法上、資産の譲渡等の範囲から除かれています（消令2①四かっ

第8章 | その他の論点

こ書き）。

　一方、事業譲渡については、事業そのものをひとつの機能的財産として取引するというものですので、消費税法上、課税取引に該当します。

　なお、合併や会社分割などの企業組織再編税制においては、法人税法上、適格と非適格の区分判定がありますが、消費税法上はこれらの区分には関係なく、合併や会社分割に伴う資産の譲渡等は課税取引には該当しません。

会社法第2条（定義）

二十七　吸収合併　会社が他の会社とする合併であって、合併により消滅する会社の権利義務の全部を合併後存続する会社に承継させるものをいう。

二十八　新設合併　二以上の会社がする合併であって、合併により消滅する会社の権利義務の全部を合併により設立する会社に承継させるものをいう。

二十九　吸収分割　株式会社又は合同会社がその事業に関して有する権利義務の全部又は一部を分割後他の会社に承継させることをいう。

三十　新設分割　一又は二以上の株式会社又は合同会社がその事業に関して有する権利義務の全部又は一部を分割により設立する会社に承継させることをいう。

会社法第467条第1項（事業譲渡等の承認等）

　株式会社は、次に掲げる行為をする場合には、当該行為がその効力を生ずる日の前日までに、株主総会の決議によって、当該行為に係る契約の承認を受けなければならない。

一　事業の全部の譲渡

二　事業の重要な一部の譲渡

二の二　その子会社の株式又は持分の全部又は一部の譲渡

三　他の会社の事業の全部の譲受け

消費税法施行令第2条第1項（資産の譲渡等の範囲）

　法第2条第1項第八号に規定する対価を得て行われる資産の譲渡若しくは貸付け又は役務の提供に類する行為として政令で定めるものは、次に掲げるものとする。

四　貸付金その他の金銭債権の譲受けその他の承継（包括承継を除く。）

277

（著者略歴）

清原　裕平（きよはら　ゆうへい）

税理士、公認会計士試験合格者。

1967年生まれ。石川県出身。

1986年、石川県立小松高等学校卒業後、金沢国税局に採用され、以後、2014年に退職するまでの約28年間、大阪国税局法人課税課、税務相談室、税務大学校、近畿圏の税務署等において、主に法人税や消費税に関する監理・調査・相談・教育などの事務に従事。在職中の1991年に同志社大学法学部を卒業、2003年には大阪大学大学院法学研究科法学・政治学専攻前期博士課程を修了（法学修士）。2014年に公認会計士試験短答式試験に合格、同年税理士登録、翌年には公認会計士試験論文式試験に合格し、40代でチャレンジした難関国家試験を辛うじて突破。現在は、税務、財務及び経営コンサルティングを中心に、連結会計、M＆A、組織再編、事業承継、国際課税などに対応するほか、税法や会計に関する各種セミナー講師も務める。

　本書は筆者の経験等に基づく税務や会計などの一般的な取扱いに関する情報提供を目的として作成しており、本書を利用したことにより被ったいかなる損害についても、一切の責任を負うものではありません。具体的なアドバイスが必要な場合は、個別に専門家にご相談ください。

（執筆協力）
梶浦　潮（かじうら　うしお）
税理士法人 Bricks＆ＵK代表社員。
愛知県立半田高等学校卒業、慶応義塾大学経済学部卒業。アーサーアンダーセン（世界5大会計事務所）で経営コンサルタントとして大手会社のプロジェクトに参画したほか、株式会社デンソーや名古屋鉄道株式会社において業務改善やＭ＆Ａなどを手掛けた実績を生かし、税理士事務所を開業。12年でクライアント1,500社、従業員数120名の事務所に成長させる。

私たちは、遠くから声を張り上げるただの応援団ではなく、一緒に走り続けたい税理士事務所です。

税務も労務も法務もお任せください	Bricks＆UKは、税理士・社会保険労務士・行政書士、Webデザイナーが揃うプロフェッショナル集団です。税務はもちろん、労務、法務、プロモーションに関してもお任せください。
わかりやすい価格構成	原則料金は、「税務顧問報酬35,000円/月〜」の明快な価格構成です。月額報酬のみで、決算報酬等は、一切いただきません。
税理士業はサービス業	サービス業は、処理・対応のスピードが重要です。会社や携わる人から「この事務所に頼んで良かったと言っていただける事」を第一に、経営者の立場に立ち、一緒に成長させていただきたいと考えています
伴走者のいるメリット、いないリスク	税理士を顧問にするメリット、いない場合のリスクを明確に、分かりやすく説明します。それを理解していただいたうえで、安心してお仕事をお任せください。
丸投げ、大丈夫です	経営相談、確定申告、日々の経理処理、税務手続き、労務手続きまで、何でも丸投げしていただいてOKです。煩わしい事務処理に時間を取られることなく、本業に集中していただけます。

「税理士法人Bricks&UK」は、トップレベルのプロフェッショナリズムに矜持をもち、広く緊密な専門家集団のネットワークを活用し、お客様の成功に結び付けていくための万全のサポート体制をとっています。ですから、一般の税理士事務所とは違いがあるかもしれません。その違いは、応援席で声を限りに声援を送るよりも、お客様と成功に向けて、むしろ一緒に走り続けたいという、若々しい情熱があるからです。

税理士法人 Bricks&UK
www.bricksuk.biz

東京事務所　☎03-6222-8541　FAX:03-6222-8542
〒103-0015 東京都中央区日本橋箱崎町20番7号 ITOビル6F

名古屋事務所　☎052-228-0758　FAX:052-228-0184
〒460-0002 愛知県名古屋市中区丸の内2丁目18-25 丸の内KSビル7F

相談無料
何でもお気軽にご相談ください！

実務担当者からの疑問に答える！
会社税務の相談事例105選

2018年 6 月15日　発行

著　者　　清原　裕平 ⓒ

発行者　　小泉　定裕

発行所　　株式会社 清文社

東京都千代田区内神田1－6－6（MIF ビル）
〒101-0047　電話 03（6273）7946　FAX 03（3518）0299
大阪市北区天神橋2丁目北2－6（大和南森町ビル）
〒530-0041　電話 06（6135）4050　FAX 06（6135）4059
URL http://www.skattsei.co.jp/

印刷：亜細亜印刷㈱

■著作権法により無断複写複製は禁止されています。落丁本・乱丁本はお取り替えします。
■本書の内容に関するお問い合わせは編集部まで FAX（06-6135-4056）でお願いします。
＊本書の追録情報等は、当社ホームページ（http://www.skattsei.co.jp）をご覧ください。

ISBN978-4-433-48208-4